8条军规

〔美〕罗伯特·清崎 著

朱钦芦 译

四川人民出版社

readers-club

北京读书人文化艺术有限公司
www.readers.com.cn
出 品

致中国读者的一封信

亲爱的中国读者：

你们好！

今年是《富爸爸穷爸爸》在美国出版20周年，其在中国上市也已经整整17年了。我非常高兴地从我的中国伙伴——北京读书人文化艺术有限公司（他们在这些年里收到了很多读者来信）那里了解到，你们中的很多人因为读了这本书而认识到财商的重要性，从而努力提高自己的财商，最终同我一样获得了财务自由。

我很骄傲我的书能够让你们获益。20年后的今天，世界又处在变革的十字路口。全球经济形势日益复杂，不断涌现的"黑天鹅事件"加剧了世界发展的不确定性，人们对未来充满迷茫，悲观主义情绪正在蔓延。

而对于你们，富爸爸广大的中国读者来说，除了受世界经济的影响，还要面对国内经济转型的阵痛，这个过程艰苦而漫长。当然，为了成就这种时代的美好，你必须坚持正确的选择，拥有前进的智慧和勇气。这就需要你努力学习。

最后，我还是要说，任何人都能成功，只要你选择这么做！

罗伯特·清崎

富人教他们的孩子财商,
而穷人和中产阶级从不这样做。

——〔美〕罗伯特·清崎

出版人的话

转眼间,"富爸爸"问世已20余年,与中国读者相伴也已近20年。在中国经济和社会蓬勃发展的20年间,"富爸爸"系列丛书的出版影响了千千万万的中国读者,有超过1000万的读者认识了富爸爸、了解了财商。在"富爸爸"的忠实读者中,既有在餐厅打工的服务员,也有执教讲堂的大学教授;既有满怀创业梦想的年轻人,也有安享晚年的退休人士。"富爸爸"的读者群体之广、之大,是我们不曾预料到的。

作为一套在中国风靡大江南北、引领国人创业创富的财商智慧丛书,"富爸爸"系列伴随和见证了千万读者的创富经历和成长历程,他们通过学习财商,已然成为中国的"富爸爸",这也是我们修订此书的动力。20年来,"富爸爸"系列也在不断地增加新的"家族成员",新书的内容也越来越贴合当下经济的快速发展以及国内风起云涌的经济大潮,我们也在十几年的财商教育过程中摸索出了一套适合国内大众群体的"MBW"财商理论体系,即从创富动机、创富行为习惯、创富路径三方面培养学员的财商,增强大家和财富打交道的积极意识,提高抗风险的能力。

曾有一位来自深圳的学员告诉我,他当年就是因为读了《富爸爸穷爸爸》一书,并通过系统的财商训练,才在事业上取得了巨大的成功。难能可贵的是,成功后的他并没有独享财富,而是将自己致富的秘诀——"富爸爸"财商理念分享给了更多想要创业、想要致富、想要成功的人。

在"富爸爸"的忠实读者群中，类似的成功故事还有很多很多。在"富爸爸"的影响下，每一位创富的读者都非常乐意向更多的朋友传授自己从财商训练中获得的成功经验。

值此"富爸爸"20周年之际，作者的最新修订版再次契合了时代的发展、读者的需要。在经济金融全球化的发展与危机中，作者总结过去、现在和未来财富的变化与趋势，并重温了富爸爸那些简洁有力的财商智慧，在中华民族伟大复兴的新时代，"富爸爸"系列丛书将结合财商教育培训，为读者带来提高财商的具体办法，以及在中国具体环境下的MBW创富实践理论。丛书的出品方北京读书人文化艺术有限公司将从图书、现金流游戏、财商课程等多角度多方面，打造出一个立体的"富爸爸"，不仅要从财商理念上引导中国读者，更要在实践中帮助中国读者真正实现财务自由。读者和创业者可以通过关注读书人俱乐部微信公众号，来了解更多有关"富爸爸"系列丛书和财商学习的信息。

正如富爸爸在书中所说，世界变了，金钱游戏的规则也变了。对于读者和创富者来说，也要应时而变，理解金钱的语言、学会金钱的规则。只有这样，你才能玩转金钱游戏，实现财务自由。

汤小明

读书人俱乐部

特别鸣谢

我想介绍并感谢对本书做出重要贡献的两个人：罗伯·勒·康特和戴夫·梁。

这两人都为国家在军队服过役，也都在2009年加入了富爸爸团队，秉承企业家精神，走在了通向财务自由的路上。

罗伯，这位前海军航空机械师助手，在富爸爸公司与世界的沟通联络方面，他以公司信息技术主任的身份发挥了巨大的作用。他还是一位房地产投资者，拥有多家企业，包括一家软件测试公司。他现在正致力于打造一系列连锁的健康酒吧。

在本书每章的结尾，你将会看到罗伯的报告。在那些报告中，他将通过自己在军队服役多年的经历，和你分享他关于那章内容的见解。

罗伯在把富爸爸公司的游戏和书籍——《富爸爸现金流》游戏（成人版）、《富爸爸现金流》游戏（少儿版）、《富爸爸穷爸爸》经由网络推向市场，把《富爸爸现金流》和《资本城市》经由应用软件和数字学习平台推向数字世界等方面发挥了关键作用。

除了曾经是一位海军鱿鱼（俚语，指海军水手）外，他还是位天生的领导者，同时也是我们富爸爸公司团队的一笔巨大资产。我要感谢他对本书做出的诸多贡献。

戴夫·梁曾从科罗拉多斯普林斯进入美国空军学院，2004年毕业后以中尉的身份被派往伊拉克巴拉德空军基地。戴夫在富爸爸公司多个部门工作过，现在他作为市场部经理，负责手机软件开发这一块。他不断地将其学到的东西用于管理他的咖啡店、在线业务和房地产投资。

如果你读过富爸爸系列书籍中的其他书，你就知道我经常提到布莱尔·辛格——富爸爸公司的一个顾问，及其著作《富爸爸胜利之师》。军队有一套荣誉准则，离开军队时我面临最艰难的转型，从军队到老百姓的生活，以及与荣誉准则有关的其他情况……或许，更准确地说，这样的生活缺乏荣誉准则！我要求戴夫写写他在空军学院和军队服役期间经历的荣誉准则情况。现在他生活在平民世界里，却仍然遵循荣誉准则。在本书的后面，你会读到与他有关的荣誉准则故事。

你会发现这两个人的贡献折射了他们从军队中学到的价值观和教训，以及他们是怎样把这些东西应用到如今的平民生活中的。我谢谢他俩——为他们在军队里的服务，为他们愿意分享和传授他们所学到的东西。

序言

　　检验部下表现如何的最真实的做法，很有可能就是领导者突然玩消失，然后看看这些没有了领导者的人接下来会怎样做。

　　我猜想大多数领导人是不喜欢让这种冒失的情况出现的。但是在现实生活中，这样的情况却发生着。就像2012年的一部电影《红色机尾》中说到的："经历是残酷的教师——考试在先，授课在后。"

　　有的领导会让他们自己在团队最后面，而其他人在前面。有前瞻性的领导会让个人和集体做好准备，以便在最糟糕的条件下可能获得最好的结果。教育和训练及随后的更多培训最终将成为执行所必需的永无止境的循环。

　　14岁参加童子军的时候，我曾经得到的最好的指引来自童子军另一个伙伴，他迅速地成为我的上级。在为期两周的露营生活分派我的工作时，他实事求是地对我说："生活不是一场流行的竞赛活动。去把分给你的工作踏踏实实地做好吧。"

　　在现实生活中，简单地"做好工作"并不能取得成为一位领导者的资格。现在的领导者必先具有一定的眼界、适应力和极大的勇气，以在一个充满了人工智能的数字世界里取得成功。然而，"以身作则"这个本质要素绝不会变！

罗伯特和我是有 40 年交情的老朋友。在部队服役时，我们是同一寝室的室友。他以一个年轻海军陆战队军官的激情和一位成功企业家经验积累的智慧、悟性写了本书。尽管我们也因某些事意见相左，但是我们都由衷地认同这一观念："后退的人绝无成功的可能"，持续地接受教育是走向成功的关键！

阅读这本书的时候别忘了：真正理解领导力的不是"你"，而是"我"！这就是我们的道德和伦理。

永远忠诚的，
杰克·伯格曼
（美国海军陆战队退役中将）

目 录

1   前言　为生存而训练

第一部分　呼唤责任

5   第一章　关键使命

32   第二章　怎样成为一个企业家

第二部分　领导力课程8讲

59   第三章　领导力课程第1讲：

                领导者要以身作则

69   第四章　领导力课程第2讲：

                你是个孤独者还是领导者？

82   第五章　领导力课程第3讲：

                训练造就高品质的生活

100	第六章	领导力课程第 4 讲:
		尊重的力量
115	第七章	领导力课程第 5 讲:
		速度的重要性
133	第八章	领导力课程第 6 讲:
		联合能赢，分散能胜
145	第九章	领导力课程第 7 讲:
		领导者要善为人师
168	第十章	领导力课程第 8 讲:
		领导力是项重要的推销工作
183	为什么我请戴夫·梁写荣誉准则?	
184	荣誉准则	
189	罗伯特的结束语：开始行动!	

前言
为生存而训练

越战期间，我在海军陆战队服役。但是我并非职业军官，所以没有取得从海军陆战队退休的资格。我能够在47岁时有退休资格，是因为我从自己的生意和投资中取得了足够的收入，而不是从一个职业或者一份工作中获得的。

我相信相当多的人都能够达到我现在的经济状态，但是我达到这样的状态，大部分原因要归功于我的军事训练。

我喜欢军事飞行学院，因为在那里我们每天都要被鼓励勇于面对眼前的恐惧。我进飞行学院不是为获得一份稳定的收入或尽早取得退休的福利，尽管我知道有不少同学怀有这样的目的。职业的海军陆战队军官是享受美国政府的公务员待遇的。

我进海军陆战队和军事飞行学院是因为受到了激励——准备去打仗。我们的教练不是遵循"安全第一"的原则，而是强迫我们在每次飞行演练中都练习应急操纵。我们的教练不是希望或祈祷平安，而是故意以某种方式给飞机制造点毛病，有时甚至会让发动机停转。他们强迫我们去面对恐惧，并保持冷静——时刻控制着飞机。这是对日后商业生活的完美训练。

许多人之所以会在财务上挣扎，是因为他们靠情感支配生活。他们不敢面对财务方面的恐惧，而是把它掩盖起来。许多雇员把他们的财务恐惧掩藏在稳定的职业和工资的地毯下面。

这本书将告诉你，我们被要求遵循的8条军事原则对于一个成功的企业家来说也是同样重要的原则，因为在军队里服役的人们都有让人难以置信的强大的精神世界。

第一部分

★ ★ ★ ★ ★

呼唤责任

第一章
关键使命

对企业家的要求

这本书是为所有企业家或梦想日后成为企业家的人而写的。

这本书也是为正在军队服役或者服役过的男兵和女兵而写的。因为他们都已经通过了独特的教育训练科目,而这些科目对于所有的企业家来说都是必需的。

正如你知道的,90%的企业在开办的5年内会倒闭;在第一个5年内幸存的企业中,又有90%的企业会在第二个5年内倒闭。

为什么大多数企业家在第一个5年内就失败了呢?其根本原因在于他们缺乏最核心的训练。他们需要具备一定的核心优势以承受成为企业家的严峻考验。有些人把这叫作"胆量",还有人叫作"毅力"。在军队里,是用这样的话来表述这些词的意思的:站起来!抬起你的屁股,别觉得你有多对不起自己似的!别噘嘴,别吮你的拇指,重新来一遍!你妈妈会为你感到羞耻的,因为她比现在的你要坚强得多!

我想你现在已经明白我的意思了。

大多数企业家失败的另一个原因是我们的教育体制培训的是做雇员的人，而不是企业家。雇员的世界和企业家的世界有着天壤之别。最大的不同在于对待薪水的态度。如果一个雇员拿不到薪水，他可以辞掉这份工作另找一份新工作。而大多数企业家必须是足够坚强的，因为有时候他们数年也挣不到一分钱的工资。

在"小企业"——有时候被称为"夫妻店"，如果考虑到总的工作时数，老板们挣到的时薪经常低于他们的雇员。在大多数小企业中，当企业的雇员们下班后，老板们最重要的工作就是"接着做"。这就是"案头工作"和"幕后工作"。正是这些工作，比如按照有关要求开发票、整理票据、做财会记账和纳税等，维系着企业的运转。

当雇员们休假时，他们可以把工作抛在脑后。然而，当企业家休假时，他们的工作如影随形。

当企业在苦苦支撑或者倒闭时，雇员可以拍拍屁股一走了之，大不了再去寻份新工作；而对企业家来说，此时他的麻烦才刚开始。当一家企业倒闭时，企业家就像从空袭后倒塌的建筑废墟中自救出来一样。损失、破产、负债和诉讼可能把一个企业家掩埋数年。许多人永远无法从"商业版"的创伤后应激障碍中恢复过来。

许多"专家"说："企业家的失败是因为他们的资金不足。"这句话的意思是说，他们的钱不够，或者是他们搞钱的手段不够多，无法支撑企业这艘巨轮不沉船。正是这种对"资金不足"的恐惧，以及稳定收入的缺乏，使大多数人抱着工作安全感不放，并甘心当雇员。

我做了不同的解读。在我看来，并非缺乏资金，而是缺乏企业家的教育、真实世界的商业经验，以及胆魄。如果你跟企业家交谈，他们会告诉你，他们总是"资金不足"的。他们从来没有足够的资金来满足一个企业家所有的财务需要。更别说资金的需要总是随着企业的业务一起增长。然而，不知为什么，真正的企业家总是能挺过去。然后，对某些企业家来说，从某一天起，金钱开始不断地涌进来。达到这样的状况可能要熬上多年。当我听到人们议论说："哇，他好走运！"或者说"他们是一夜成功"时，我总是感到好笑。没人懂得或欣赏企业家成功背后的真正故事。

这就是我相信军人们有一种独一无二的核心优势，并且能被训练成为企业家的原因。在很多情况下，他们被训练去"做不可能的事情"。而大多数的大学毕业生只是被训练来"找到一份好工作"。

这些被训练成挑战不可能、愿意付出通常被叫作"终极牺牲"的人，同那些被训练成"找一份高薪、还有很好的福利的工作"的人形成鲜明的对比，他们有着完全不同的意志品质。

我的军旅生涯开始于位于纽约金斯波因特的美国商船学院。这所学校被认为是世界上培养领导力的顶级高校之一。

1965年，我接到了来自美国参议员荣誉勋章获得者丹尼尔的国会提名，推荐我就读美国海军学院或美国商船学院。

我接受了其中一份邀请，去了金斯波因特。这所学校的使命是培养海运业的领导者，学生毕业后能在世界各地的口岸和海港找到工作，去当邮轮、货船、集装箱货运船、油轮和远洋驳船的船长。很少有毕业生像我这样，毕业后选择到海军陆战队和海岸警卫队去服役。

金斯波因特的毕业生在海事和航运业同西点军校的毕业学生在美国军队中拥有同样的声誉。1969年当我毕业的时候，金斯波因特的毕业生位列世界最高收入水准的大学之中。那是因为，尽管它是一所军事学院，但业务上归商业部而不是国防部指导。

从金斯波因特毕业后，我接受了位于佛罗里达彭萨科拉的美国飞行学院的培训，然后飞往越南，加入了海军陆战队。我确信，如果没有接受军事培训，我不会成功地成为一名企业家。

什么是作弊

在传统的学校里，我们被要求依靠自己的努力通过测试。如果你在考试时和他人合作，那被称为"作弊"。

在美国商船学院和飞行学院，在海军陆战队，我们被训练开展合作，我经历的许多考试都需要靠团队的力量才能完成。

甚至连海军狙击手都有一个观测员——一个被称为"发号施令的人"。

作为一名武装直升机的飞行员,我最喜欢的事是和我的机修工——我们常称他为"机组头儿"一起飞行。我们的飞行是由五个人组成的一个团队:两个飞行员,两个枪炮手,一个机组头儿。我们互相依靠。

我在我待过的不同企业中没有发现过很高水平的合作。大多数企业执行层的领导力可以归结成这样:

我时刻盯着一把手这个职位。
要么照我说的做,要么辞职走人!

简单地说,军队是通过任务来进行领导,企业是通过金钱来进行领导。

我见到的那些没有受过军事训练的企业家,他们中大多数人是把重点放在"工资"和"优先认股权"上,而不是"任务"上。只要发工资,团队就会做领导人想让他们做的事。

如果你问任何从战场上下来的人,他们会告诉你:情况变得越危险,团队的凝聚力越强大。

在大多数企业里,恰恰与此相反:当情况变得危险时,团队的工作瓦解了;当形势变得严峻时,人们就准备好了"刀子",相互在背后捅"刀子"。

让这本激励企业家的书变得和别的同类书籍不一样的,是它关注核心优势和领导力的训练,因为所有的企业家都必须是领导者。

2011年9月20日，《纽约时报》刊登了海军陆战队退役士兵迈克尔·阿蒙达瑞斯-克拉克的这句话："我们签订了协议，知道其中有风险。而那些在纽约的无知的人不去上班了，因为他们认为存在某种风险。"

这句话可以为所有企业家和任何想成为企业家的人提个醒：道理很简单，企业家是要承担风险的。但是当面临风险时，雇员是要逃避的。

不同的领导力

在飞往越南战场的过程中，我注意到那些让我感到震惊的事情：

我们正在被踢屁股呢！

我们的部队正在逃离——逃离战斗。毫不夸张地说，越南的军队，朝着我们的后背扫射。

回到我们的航空母舰上，在听取情况介绍期间，我问我的指挥官："为什么他们的越南人比我们的越南人勇猛？"你能猜得到，我的问题没有被回应。

在商界中，同样的问题经常真实地存在。许多企业领导人认为：领导力不过就是告诉雇员怎么做，给他们薪水发得多一点，或者威胁扣工资，甚至解雇他们。

有些领导人，如史蒂夫·乔布斯，却有魔力创造出苹果的粉丝。顾客们发誓永远忠于这个品牌，买他们的产品。想想这件事：苹果没有强制推销自己的产品，但是忠诚的果粉们却偏要买他们的产品。

如果你想成为一个伟大的企业领导人，很重要的一点便是：要懂得销售和购买的区别、胁迫和激励的区别。

我在越南待的第一个飞行中队，我的第一个上级鼓励我们既要能开好飞机，还要能够战斗。大多数年轻的飞行员都很喜欢他。我们愿意为他而死。

在另一个飞行中队，大多数飞行员却瞧不上他们的新上司。他们不信任他，甚至认为他不会说一句完整的话。他用操纵和威胁逼迫大家听从他的指挥。

1995年，电影《勇敢的心》上演。梅尔·吉布森扮演的威廉·华莱士是一个革命者，他领导苏格兰人民为争取独立而战。片中有个情景，未来的苏格兰国王罗伯特·布鲁斯（由安格斯·马克费登扮演）问了他父亲一个与我曾经问我的指挥官的类似问题。罗伯特·布鲁斯想知道为什么华莱士的部队比他们的部队强。他想知道为什么威廉·华莱士的部队没有军饷发放，没有食物供给，没有资金支持，没有住宿的帐篷，打仗却那么英勇无畏。

罗伯特·布鲁斯想知道的正是我问指挥官时想知道的问题："为什么他们的越南人比我们的越南人勇猛？"我自己也想过为什么事情会是这样。

有两种类型的领导存在：一种是靠恐吓和威胁来领导，一种是靠鼓舞人心来领导。你要做的事就是决定你想成为哪一种领导者。

企业领导力与军队领导力的对比

1974年进入商界后，我感到颇为震惊。我在军队的环境里待了9年，4年在军事院校，5年在海军陆战队，我用了1年的时间去理解这两种环境（企业和军队）及其领导风格方面的差异。

最后，我领悟和理解了这种差异性。在军队里，领导力是内部性的；而在企业里，领导力是外部性的。

在军队里，领导力文化开始于新兵进入新兵训练营，或者一个未来的军官进入军官候补学校。军队文化时刻灌输给这里的每一个人，不管是士兵还是候补军官，男人还是女人。如果新兵们不能融入这种文化，他们就会被淘汰。

军队提拔新的军官时，新军官是从内部而非外部产生的。他们来自普通士兵中。换句话说，海军陆战队绝不可能从海军陆战队之外空降一个指挥官。

在平民的世界里，领导阶层经常来自外部。一个新员工经历了简短的面试后，就被带到办公桌前，开始工作。

当一个首席执行官被某家企业雇用，他们通常来自这家企业的外部。他们罕有被灌输这个他日后要领导的公司的企业文化。在多数情况下，领导者和员工唯一的共同点就是他们都为同一家公司工作。

如今，作为一个经营着自己公司的企业家，我十分关注内部的领导力。例如，富爸爸公司是一家教育培训公司，我们因此有尊重教育和继续学习的公司文化。每周，整个公司都要阅读、研究和讨论和我们有关的、新潮的，以及影响我们的客户、我们的家庭和我们的世界的某些文章或者主题。

我们研究的某些主题是对比房地产和股票、凯恩斯的经济学理论、金本位和纸币、税收政策，以及金融恐慌。概括起来就是：富爸爸公司实践它所宣扬的理念和它所教给服务对象的东西。

你不知道践行这个简单的公司文化有多难——富爸爸公司的每个人都努力花时间做学生。我们公司以前的个别领导（有点讽刺性，从外部招聘的）习惯召开会议，仅仅告诉大家怎么做。没有教育，没有学习，很少双向交流。这是来自外部的领导力，而不是来自内部的。后来，这些个别领导被要求要么改变自己，要么自己离开。

富爸爸公司的另一个例子是，鼓励每一个员工成为企业家，创建自己的公司。

做一个兼职的企业家，在富爸爸公司里是不用担心被炒掉的。所有员工都被鼓励向我们的 CEO 或者总裁，也包括向我和金咨询有关怎样创建及做大自己公司的问题。员工有创立自己房地产投资公司的，有开办电影和纪录片公司的，还有做网络营销的。我们给予那些实践我们公司所宣扬的理念的人最高级别的优先权。

所有在军队服役过的人都知道军队的各个部分都是教育机构。每一个人，从普通士兵到高级军官，都在不断地学习。军队是一种教育文化——从第一天起。

而在平民的世界里，情况就不是这样了。我很清楚地记得，有一次当我去参加某个企业的一项教育活动时，来的人就像是来参加聚会或者打高尔夫，而不是来学习。

要想成为一个成功的企业家，我强烈地建议你把军队永远教育、永远训练的文化记在心上，并把它灌输到企业中去。这可能要经过一段时间，因为大多数没有军队经历的平民虽然受过高等教育，但并没有在不断学习和训练的文化氛围中工作过。

如果你能把这种文化灌输到公司里去，你的公司将被来自内部的、实际运营着公司的人所领导，而不是那些来自外部的管理层所控制。

本书作为指南书，是为处理那些风险而写的。这里有个好消息给那些当过兵的人：你经过了军队的教育和训练，已经拥有成为一个企业家所需要具备的纪律、意志和使命感了，但如果你想要安全的保障、稳定的薪水和优厚的福利，那就最好待在你现在的岗位上别动。

我写这本书还有其他原因。我认为美国和全球都面临这样一个重大难题——失业和就业不充分的难题。

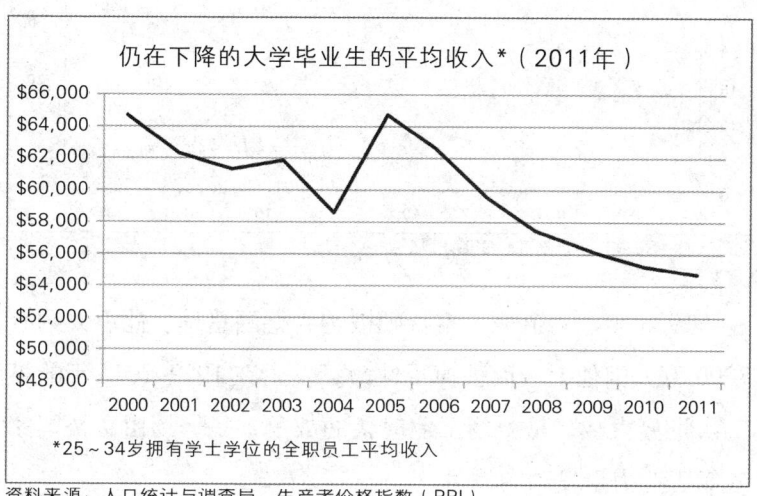

资料来源：人口统计与调查局，生产者价格指数（PPI）。

如今，随着年轻人失业率高涨，产生了全球性的"失落的一代"。这代年轻人的年龄段为18–35岁，他们丢失了真实生活体验的关键窗口，要么失去了工作，要么陷入没有任何挑战性的职业。"失落的一代"中的许多人将在余生中挣扎求存。

历史会重演吗

下面这张图来自世界历史中一段非常黑暗的时期。这张图说明了德国失业率的上升和纳粹党崛起之间的关系。

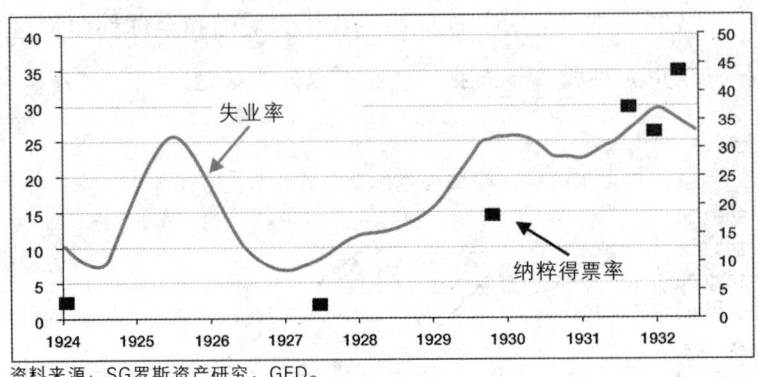

资料来源：SG罗斯资产研究，GFD。

1933年，阿道夫·希特勒被选为德国总理，此后大约有8000万人因他上台而丢掉了性命。发生在1939–1945年的第二次世界大战，是一场工业时代的战争，是一场由富裕国家依靠工业力量发动的战争。

如今，恐怖主义者发动的是一场信息时代的战争。在愤怒人群的领导下，进行着低成本、高性能的技术战争。如今的恐怖分子有着超凡魅力的领导力技巧，凭借着脸书、推特和图片分享，创造出了他们自己的军事力量。如今，手机比核武器更强大。如今，信息时代恐怖主义思潮能够以几乎看不见的方式迅速滋长和传播。

这些事实和下面的情况混合在了一起：1970年，美国在全世界拥有最高的高中学生毕业率。而如今，这个数字降到了1970年以来的最低——在被调查的28个国家中，美国仅仅排名在第23位。

虽然高中辍学的人中有些人继续过着优渥的生活，但是这些人更多地进入了长期失业、无家可归、靠政府福利救济和蹲监狱的行列。

企业家的重要性在于，只有他们才能创造出真正的就业机会，但缺乏财商教育，要想成为一名企业家是件非常困难的事。这就是我为什么建立富爸爸公司，从而成为一名从事财商教育的企业家的原因。

请求你再次服役

正如前文告诉你的，你需要再次服役——这次是在家里。美国有麻烦了。美国需要工作岗位。世界需要企业家。政府创造不了真正的就业机会。美国需要企业家，因为只有真正的企业家才能够创造真正的、可持续的工作岗位和真正的、持续的财富。

简而言之，当政府部门创造工作岗位时，我们的税赋就会加重。当税赋加重时，生活用品将变得更昂贵，人们受苦，经济遭殃，我们的国家逐渐变得虚弱。当企业家创造工作岗位时，这些岗位会产生税收，债务会下降，增加出口，我们的国家会因此逐渐变得更强大。

在这本书里，我号召从军队退役的老兵们再次服役，不过这次是在家里，这次是以企业家的身份。我相信我们在部队里服役过的男兵和女兵们拥有独一无二的技能，能被训练成伟大的企业家。

军队怎样训练出伟大的企业家

教育是个大概念。教育比阅读、写作和算术的内涵要多得多。

传统教育的问题在于学校只关注教育大脑。而我们是人类,而非只有大脑。

下图是一张有关整个人类教育的图,包括四种不同的智能。

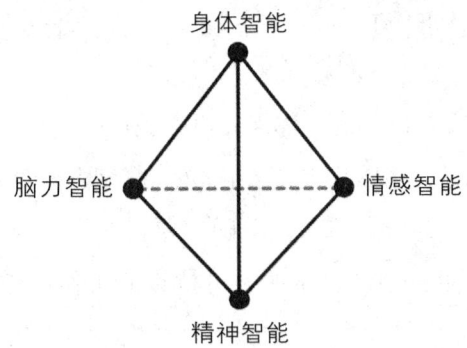

我们都知道,每个人都是不一样的。以一个家庭为例,四个孩子的父母相同,然而这些孩子的个性差异极大。即使是一对双胞胎也可能是非常不一样。

真正的教育应该做的是,必须激发全部四种智能。真正的学习需要把这四种智能都调动起来。例如,学习打高尔夫就需要四种智能都被激发出来。打过高尔夫的人都知道,这项运动需要用到身体的、脑力的、情感的和精神上的智能。传统教育的弊病在于,学校主要关注脑力智能,没把注意力放到其他智能的开发上。

身体智能

身体智能之所以在上一页的图中被置顶，是因为所有的智能都是以此为基础的。例如，对于一个学习走路的孩子来说，学习的过程依赖的就是身体智能，远远超过对脑力智能的依赖。在学校里，学习阅读、写作和算术首先是一个身体的过程。就像学习走路一样，学生们需要做点儿什么。

学习金字塔

1969年，心理学家埃德加·戴尔发表了学习金字塔理论。请你花点儿时间熟悉一下戴尔先生创立的这一理论。

学习金字塔		
两周后我们还能记住多少		参与程度
说过和做过的还能记住90%	实战	主动
	模拟	
	做一次令人印象深刻的报告	
说过的还能记住70%	发表一次演讲	
	参与讨论	
听过和看过的还能记住50%	现场观摩	被动
	观看演示	
	看展览、观看演示	
	看视频	
看过的还能记住30%	看图片	
听过的还能记住20%	听演讲	
读过的还能记住10%	阅读	

资料来源：改编自戴尔的学习金字塔（1969）。

正如你在学习金字塔中所看到的一样，阅读和听讲（大多数学校最主要的教学内容）对学生来说，是掌握教学内容效果最差的方式。

在金字塔的顶部，模拟和实战是学习效果最好的方式。换句话说，你通过做事学到的东西最多。这个观点换个表述：依靠读一本书或者听一堂课去学走路或打高尔夫几乎是不可能的。

让事情更糟的是，学校会因学生们的错误而惩罚他们。这就像惩罚一个学走路摔倒的孩子或者一个打出了一杆臭球的高尔夫学习者。如果一个学生不犯错误，他的学习过程就会延迟。

身体智能存在于身体中，也被称为"肌肉记忆"。例如，一个人学习打高尔夫，他将一次一次不同地击球，犯下一个又一个的错误，直到肌肉记住了正确动作。

根据学习金字塔，次高水平的学习是被称作"模拟"的行为。在体育运动中，这被称之为"训练"；在艺术中，这被称为"排演"；在科学中，这被称为"实验"。

对那些在军队中当过兵的人来说，他们懂得模拟的重要性。因为这就是军队的教学和训练方式。例如，我在彭萨科拉飞行学院学习的时候，飞行学员们模仿迫降练习的时间几乎和他们的飞行时间一样多。获得飞行资格后，我被安排到加利福尼亚彭德尔顿军营，为到越南战场进行操控先进的枪炮和火箭弹而训练。我们也再次接受了迫降、设备故障和其他紧急情况下的应急训练。我之所以活下来，是因为我学到了怎样在只有一台发动机的情况下飞行，甚至当发动机全部失灵后该怎样操控。我绝不可能在只听听讲课、读读驾驶指南，或者在对迫降充满畏惧的情况下就学会驾驶飞机。我需要把时间花在模拟器上。

伟大的运动员在身体智能方面有着超出常人的天赋，然而即使是最有天赋的运动员也必须"练习、练习再练习"，犯下一个个的错误，直到他们的身体天赋显现出来。

我喜欢把"genius"(天才)这个词看成是"geni-in-us"(天才在我们中间)或者是魔法师在我们中间。当一个职业运动员的天赋显露，在运动场上创下了奇迹，成功的荣誉和大把的钞票会滚滚而来。

在传统教育中，一个孩子犯下了错误，就会受到惩罚。于是许多学生离开学校后还牢记着"正确答案"，生活在对错误的恐惧之中，但是却不能真正地做出点什么。他们学到的对错误的逃避远胜过他们敢于犯错和从错误中学习的态度。

在传统教育中，一个犯下很多错误的学生会被认为是迟钝或愚蠢的，然而在真实的生活中，一个犯下很多错误并从错误中学习的人通常被称为"成功人士"。

我之所以认为很多当过兵的人具有成为一个伟大企业家的潜质，是因为在军队中，不管在哪个岗位上服役，每个人都在身体、情感、精神和脑力这四个方面经历了极限的考验。通过了新兵训练的军人都知道，教官们首先会击溃你原有的自信，然后再以四个方面的智能武装你，重塑一个更强大的你。

许多平民在一生中都竭力避免被"击倒"，我相信这就是为什么许多平民智商很高，上学时得"优"，工作时在技术上也是神人，但是在某个或某几个方面的智能却很弱。

一个新兵被淘汰，最主要的原因不是脑力的欠缺，他很可能在其他某个或某几个方面有所欠缺。正如美国总统、二战英雄约翰·F.肯尼迪所说的：

> 一个不具备在军队服兵役能力的年轻人，不大可能具备谋生的能力。今天军队拒绝的人中包括了明天的核心失业人群。

失业统计

2007年，在房地产和股票市场崩溃后，失业率（包括年轻人的失业率）一直居高不下。

下图显示了美国1995–2011年之间的失业率。你将发现官方统计数据和影子统计数据存在差异。

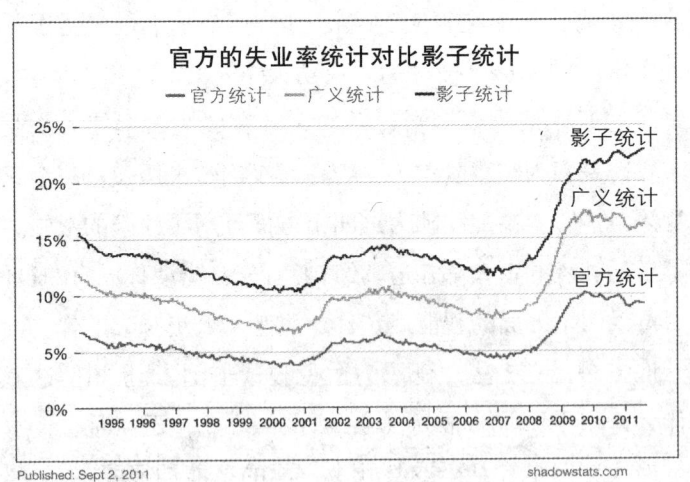

你会相信哪个数字

失业率高有多个原因。其中一个原因是工作岗位正向海外低薪国家转移。另一个原因是技术正在取代工人，就像当年汽车取代马车一样。今天，我们必须要对工人们进行再培训、再教育，把他们转移到技术世界中去。简而言之，今天的现实选择是：要么从事高技术工作，要么从事低薪工作，要么是长时间地失业。我们毫不吃惊地看到，中产阶级正在萎缩。

我之所以没有成为婴儿潮一代失业者中的一员，是因为1974年离开海军陆战队后，我没有回到学校去读MBA，然后成为一个雇员，通过多年努力最后坐到公司高管的位置上，而是选择了通过培训学习走上了企业家的道路。如果我成为一个雇员，就像我父亲鼓励我的那样，我肯定会成为那些因为外包而失掉了工作的公司高管中的一员，或者是一个精通技术却不愿意多干工作的工人。

幸好我在军事学院里学习了4年，然后又在海军陆战队里当了5年的飞行员。这意味着我有一段丰富的在军队接受教育的经历——一种成为企业家的身体的、脑力的、情感的和精神的必要训练。这种训练帮我塑造了成为一名企业家所必需的素质。

下面我来讲讲军队教育和训练如何帮我塑造企业家所需的必备素质。

脑力智能

脑力智能发生在大脑中。例如,学习一门新的语言就是一次脑力学习的过程,人们一次次重复记忆,直到大脑记住了那些必备的词汇。

有脑力智能天赋的人通常成了教师、学者和律师。

我认为脑力智能是成为成功企业家的四种智能中重要性最小的一种。一个真正的企业家,就像一个真正的领导者,不必是团队中最聪明的那个人。这意味着一个真正的企业家必须是一个领导者,其智商足以领导更聪明、受过更高教育的人在商业战场上打拼。

真正的领导力最需要下面这些智能。

情感智能

情感智能是我们控制自己情感的能力。

我们都会发脾气。经常发脾气说明一个人的情感智能很低。一个有着良好的情感智能的人也会体验到愤怒这样的情感,但是他会控制自己发起脾气来不至于说错话、做蠢事。他们有控制力。

脾气像爆竹一样一点就着,整天牢骚满腹、抱怨连连,长期精神压抑、情绪低落,这是低情商的显著特征。

举几个高情商的例子:遭遇冲突时选择离开而不是挥出一拳;意见出现分歧时选择倾听而不是争吵;遭遇他人反对

时选择弄清他人的观点，而不是匆匆地替自己辩护；埋头潜心做好自己的工作而不是盼着谁来表扬。

是否推迟享受也是一个人情商高低的判断标准。例如，一个人只是因为喜欢而买某件他支付起来有点困难的东西——这样的人不会推迟享受。这是低情商的一种表现。

军事训练在培养一个人的情商方面效果很好。否则，军人们又怎能做到在枪林弹雨中保持冷静，在面对死亡时勇往直前，在别人放弃时坚持到底呢？

一些人之所以一直是雇员而不能成为企业家，是因为他们无法控制自己对风险的恐惧感。在部队当过兵的人都知道，军事训练和服役的经历并不能消除人们的恐惧感。军队训练的是，不管面对多恐惧的事都要去想去做，这也是一个企业家在公司创立和成长中面临挑战时需要具备的能力。

情感智能位于身体的胃部。这就是为什么人们面对某些事或某些人时会说"我的肚子有点儿不舒服"。这可能是恐惧和忧虑会导致胃溃疡或肠道溃疡的原因。

我认为低情商的人尽量不要去做企业家。用积极的话来说，成为一个成功的企业家需要持续发展自己的情商。

任何一个领域里真正的领导人，都有很高的情商。

精神智能

精神智能位于身体的心脏部位。"勇气"这个词来源于法语"le Coeur",它的意思就是"心脏"。

伟大就是来源于心脏。死亡也是,这就是人们死于心脏病发作或心力交瘁的原因。

军队训练在开发新兵的精神智能方面起到很大作用。有高精神智能的人带着使命感做事,把使命和团队置于自己生命中最重要的位置。

正如道格拉斯·麦克阿瑟将军所说:

没有必胜的决心,战争必败无疑。

训练企业家

为了企业能够向前发展,一个企业家需要具备以下几个智能:

1. 精神智能

对于企业家而言,精神智能是最重要的智能。企业家需要有很强的使命感,需要为了生命中更崇高的目的做出承诺,需要有除了"挣钱"这个简单的欲望之外的其他投身企业的理由。

在军事学院的第一天,我的第一份工作就是记住军事学院的使命。我们被教导,"使命就是精神力量"。精神的力量,精神的智能,就是我们通过4年地狱般的训练生活所得到的东西。

正如乔治·巴顿将军曾经说过的：

> 为某些东西战斗，总比毫无目的地苟活好。

2. 情感智能

对企业家来说，情感智能是重要程度排在第二的智能。企业家必须知道如何在压力下保持冷静，依靠思考而不是本能做出反应，懂得什么时候该等待，什么时候该出手。

另一句来自道格拉斯·麦克阿瑟将军的话是恰当的：

> 任何说笔杆子比枪杆子更有力量的人，显然没有遭遇过自动武器的扫射。

3. 身体智能

对企业家来说，身体智能是重要程度排在第三的智能。一个人必须"知道怎样做"。在企业家的精神世界里，只有懂得怎么做，并履行自己所做出的承诺，才会取得成功，以及随之而来的利益和荣誉。

正如温斯顿·丘吉尔所说：

> 我们晚上之所以睡得安稳，是因为有风餐露宿的战士站在那里守护，使我们免遭侵略势力的伤害。

4. 脑力智能

脑力智能也是重要的，但它是企业家世界里重要性最小的一种智能。

罗伯特·A.海因莱因，一位军事工程的平民承包人，把脑力智能的作用做了如下归纳：

> 平民就像豆子一样。当你需要只要求技能和悟性的员工时，就像购买豆子一样容易。但是你不可能买到战斗精神。

这可能是一些最伟大、最富有的企业家为什么都没有完成学业的根本原因吧。作为一个伟大的企业家或者为自己的国家服役的军人，需要具备全部四个方面的智能，特别是精神智能，即便当其他因素都消失后，它依然能持续地提供力量。

我的一个初中同学里奇·理查德森，在军队里从事远程侦察巡逻，在越战期间，他在老挝待了很长时间。他曾经对我说："我能活到今天，是因为我的灵魂一直在战斗。"

作为一个企业家同样需要这种精神！

没有完成学业，却有很强大精神的企业家有：

史蒂夫·乔布斯：苹果电脑
比尔·盖茨：微软公司
亨利·福特：福特汽车公司
沃尔特·迪士尼：迪士尼乐园、迪士尼电影
奥普拉·温弗瑞：奥普拉·温弗瑞网络公司
马克·扎克伯格：脸书

理查德·布兰森：维珍集团

迈克尔·戴尔：戴尔电脑

托马斯·爱迪生：通用电气

从一所好的大学毕业，对于想成为医生、律师或者企业高管的人来说是必不可少的，但是对于想成为企业家的人来说就没有这个必要了。

你可能熟悉这样一句话："教育是通向中产阶级的一扇大门。"

我的富爸爸说过："企业家精神是通向富裕的一部电梯。"

使命、勇气、牺牲

1972年8月的一天，我从停靠在越南海岸的一艘美国军用直升机登陆舰"冲绳号"上起飞。我的机枪手是个年轻的下士，刚刚收到妻子的来信，她生下了他们的第一个孩子，是个男孩。

年轻的父亲检查完他的M-60机枪，我在他肩上拍了拍。我想确认他是否已经做好了飞行准备。我问他："如果你的儿子成长过程中没有父亲的陪伴，你能接受吗？"

领会了我的关心后，这位年轻的海军陆战队士兵微笑着回答："没问题，长官。我做好了准备。"然后他又笑了一下，让我确信他真的是做好了准备——如果需要的话，牺牲也可以。然后他又说:"中尉,您做您的工作。我会做好我的本职工作的。"

五个月后,这个年轻的父亲回家第一次看望他的儿子。他做了他的工作,我做了我的工作。

正如乔治·巴顿将军所说:

> 战争的目标不是你为你的国家而死,而是那些混蛋为他们的国家而死。

两年以后

1974年6月,我与海军陆战队的合同到期了。我已经在军队待了9年,其中4年时间在军事学院、5年时间在海军陆战队。从各方面来说,我在军队里长大成人了。

我驾车离开了位于夏威夷卡内奥赫湾的海军陆战队机场,前往火奴鲁鲁市中心的施乐公司上班。在转换文化环境之前,我短暂地休整了一下。

学着和平民们一起工作不容易。和以前的"嬉皮士"们一起上班和来往不容易。还有人朝我们退役军人啐唾沫,骂我们是"杀害婴儿的凶手"。

与一个和我年龄相仿的年轻上司一起工作不容易。这个家伙用"学生身份延期"办法,逃避了为他的国家服役、上战场的义务。每次听这家伙笑着吹嘘他是怎样用他的"学生身份延期"逃避服兵役和爬上公司领导层的经历,而其他人那时正在越南战场冒着生命危险战斗的时候,我都要花很多情感智能咬紧自己的牙关。

在火奴鲁鲁市中心,"平民"和"企业战士"之间的话语折射出情商的缺乏。公司里许多职员的话语一致地反映出"恐惧"这种情感。他们重复地说着"职业保障",担忧"被炒掉",沉迷于"需要我的工资"和在公司职位上"爬梯子"。我猜想他们会持续地问自己:"我退休时有钱花吗?"

在企业里,当听到人们反复地说"我做不了"和"也许吧"这样的话时,我震惊了。他们用的词如"我试试看""我可能",或者"我希望"等,在海军陆战队里是被禁用的。

那些读过我其他著作的人已经知道了我的富爸爸不允许他的儿子和我使用这些词。他经常说:"可怜的人说'我付不起',而有钱人反问'我怎样才能付得起?'"

在军队里,长官们讲的话都是精神层面的,来自本心,起源于他们的灵魂。军队教育开始于教会每个人使用精神的词语讲话,这些词语如"使命""勇气""责任""荣誉""服务"和"准则"等。

讲来自心底和灵魂的话语,可以激发他们的精神,可以变成各行各业伟大的勇士、企业家和领导人。

第二章
怎样成为一个企业家

有这样的说法：企业家精神不适合所有人。这只是硬币的一面。下面则是它的另一面。

我经常被问道："任何人都能成为一个企业家吗？"

我的回答总是相同的：是的。一个清扫房屋的人是个企业家，一个私人执业的医生是个企业家，苹果公司的创立者史蒂夫·乔布斯也是个企业家。

企业家有各种类型。大多数公司是很小的，甚至只有一个人或者被称为"夫妻店"。只有少部分公司能发展成影响世界的超级大企业。

随之产生的问题是合理的后续行动……但是答案并非老生常谈。你也许猜到了：我该怎样开始？

这里面有很多东西要学，所以我只推荐研究性的学习、调查，在建立公司前尽可能多做市场分析研究。当地的小企业管理局可以提供丰富的信息。当然，互联网也可以。

一旦你决定创业或者确定了想要开设的公司类型，我建议你去给已经开设那类企业的人打工。例如，如果你想开一家餐馆，那就去餐厅找份工作，在工作中学习——学习此项生意的方方面面。在边干边学中，你会收获比金钱更为重要的东西，比如智慧、经验和创造性优势。

对于一个企业家来说，最好的商学院是麦当劳。在我看来，麦当劳有世界上最好的商业系统，这就是它可以成为一个全球性公司的原因。我愿意到麦当劳去打工，从收银员到厨师，再到当班经理，在哪一个岗位上实习都可以。

在那里工作的薪水可能不高，但受到的教育和获得的经验却是无价之宝。别忘了，麦当劳是企业家最好的商学院。

我最初的商业经验就来自边干边学中，那是我为富爸爸无偿工作的时候。作为回报，富爸爸教我一些大多数人学不到的商业课程。就像我的穷爸爸（我的亲生父亲）一样，学校里的教授和博士们都受过很好的教育，但是缺乏工作训练和战壕里的体验。

在麦当劳公司或好的网络营销公司工作会带给你真实生活的商业体验。永远记住这点：你知道的东西不一定让你变富，但你不知道的东西一定让你变穷。经验是无价之宝。经验可以说是最宝贵的财富。

大多数企业家的失败通常是源于缺乏经验，而不是缺乏资金。如果你有经验，就可以创造出更多的钱来。做一个企业家，就像是一个野战排，被困在敌人后方，碰到什么吃什么，碰到敌人反倒有活路。正如一位不知名的海军陆战队士兵说的：

勇气就是多多忍耐，熬过最困难的时候。

我相信这样的勇气也同样适用于企业家。

什么样的技能是企业家必须要拥有的？首要的一条技能就是推销东西的能力。为什么？因为推销=收入。

这就是唐纳德·特朗普和我推荐网络营销作为提高你的推销和领导能力的原因。

企业家失败的首要原因是他们害怕被拒绝。恐惧麻痹了他们。因此，如果他们克服了因缺乏沟通技巧而在做陈述时出现的恐惧，也许就能争取到一笔开办公司所需要的资金。

在军队里，这被叫作下达命令和接受命令。命令的每一次下达，就是一项推销工作。如果你的士兵不尊敬你，他们就不会服从你的命令。

那么，你怎样才能学到这项技能呢？

这需要实践。在学院里，我们要学会如何向我们的同事下达命令。你完全不知道让一个18岁的孩子遵循你的命令是多难的一件事。

当我离开海军陆战队，到位于火奴鲁鲁市中心的施乐公司去上班时，我做出这个决定的着眼点不在于钱或者说我的工资，而是销售能力和真实商业世界里的体验。在两年的时间里，我都在被解雇人员的名单里。

我问富爸爸怎样才能变成一个更好的推销员，他的回答是一句问话："你每天成功地打出多少通推销电话？"

我的回答是:"好的时候一天五个,不好的时候一个没有。"

他毫不迟疑地指出:"你的问题在于你的失败率太低。如果你想学会销售,失败得快点。"

失败得快点?那好吧。

那周晚些时候,我去了一家非营利组织,自愿参加一项主题为"拨号捐款"的晚间集资活动。我的目标是每晚上达成30份合同。这样,我能够失败得更快。

大约两个月后,我在施乐公司的销售统计数字上升了。在施乐公司的最后两年里,我的销售业绩总是数一数二的。随着销售业绩的上升,我的收入也涨了起来。

"失败得快些"这一原则在军队里也被灌输。在加利福尼亚彭德尔顿军营准备赴越南参战期间,我的飞行教练让我们在飞行训练时练习坠机。他想确保我成为熄火降落方面的熟手。

1972年,在离越南海岸27英里的地方,我驾驶的"休伊号"直升机引擎停止了转动,我们坠入了大海。正因为我们在日常的飞行训练中练习过坠机,所以机组的5个人都活了下来。但是比坠机更重要的是,我们是整个团队一起练习坠机的。所以当发动机停止工作时,我们所有人都知道该怎么办。机组的5个人在远离海岸的大海里游了5个小时才最终得救。当时海况很差,大家精疲力竭,但是我们斗志不减。

我在商业世界里几乎看不到同样的情况。当企业的日子变得艰难时，大多数雇员却要求涨工资，或者干脆去找新工作。

由于双液压系统故障，乔·埃泽尔和我坠落在军舰的后部。据我们所知，我们是唯一在双液压系统故障中幸存下来的飞行员。简单地说，没有液压，直升机就不能飞了。如果没有每天几个小时协同一致的训练，我们机组成员不可能活到今天。

有关教育和实践的训练同样适用于企业。太多的没有经验的新企业家跳进企业的大海游泳，用他们的积蓄投资，但不久就赔进去了。所以我经常讲，企业走向破产，缺乏的不是资金，而是真实商业世界里的经验。一个人怎样才能得到真实商业世界里的经验呢？要通过一次次的尝试，失败，再尝试，再失败……这种坚持下去的劲头，就叫作企业家精神。

有利的方面是，当今的高科技世界和互联网让企业家能够更快地进行实验，在销售和营销活动中犯错误的风险更小。不利的方面是，与我开始做企业时相比，如今的竞争可要激烈多了。

而布莱尔·辛格既是富爸爸公司的顾问，同时也是我的好朋友。他是世界上最好的销售训练员。许多公司，如新加坡航空、欧莱雅、汇丰银行、IBM、花旗银行集团和联合健康保险公司都请他去为他们的团队讲授销售课。

布莱尔写了一本书名叫《富爸爸销售狗》，它在帮你找到独一无二的销售方式方面呈现了一个有趣又有效的方法。布莱尔的公司还提供了在线销售发展项目。他是个很优秀的培训师。

导师的力量

学习成功企业家的经验和教育的最好方式是找到一位导师。导师是已经到达过你所要去的地方的人，是已经面对过你可能会面对的挑战的人，是已经发现了问题解决方案的人。

在越南，我们利用当地人和南越海军陆战队来了解当地情况。我在企业里也应用了同样的方法。

制订业务计划是开办公司的一个重要的步骤。我总是建议企业家们也制订一份教育计划。当你制订业务计划时，你会发现许多东西需要学习，所以，制订一个教育计划将指引你的企业发展项目。富爸爸公司的顾问加内特·萨顿写了一本关于制订业务发展计划的书——《如何撰写成功的商业计划》。这本书是一个极好的指南，可以省去你很多时间。

补偿法则

补偿法则对任何想在经济方面获得成功的人来说都是重要的。这个法则可以表述为："你的收入将随着教育、经验和智慧的增长而增长。"

例如，假定我想成为一名赢得高尔夫球大师锦标赛的职业高尔夫球手，这意味着我需要尽快地开始练习、研究、操作和比赛。尽管这可能会花掉我多年攒下来的钱，甚至还不够，只要我坚持练习、研究、操作和比赛，我的收入和成功将比我花掉的钱要多得多。如果我赢得了大师赛，高尔夫的天堂之门就向我敞开了。

我们把补偿法则应用于企业家之路。若干年前，史蒂夫·乔布斯和史蒂夫·沃兹尼亚克在一间车库里鼓捣着粗糙的"兴趣"电脑。如今，苹果的产品以其创新和圆滑的线条而闻名，改变了世界的交流方式。车库里的创业者变成了亿万富翁。

我相信你已经听到过关于企业数量的统计——大多数都失败了。正如你所期望的，我也愿意看看与这些统计数字相关的另一面。

我认为失败是通向成功的道路。为什么许多聪明的人、在学校里成绩很棒的人没有成为富人呢？其中一个原因是他们在学校受的教育是：犯错意味着你很愚蠢。事实上，如果你能从自己的错误中学习，犯错误会让你更聪明。

正如科林·鲍威尔将军所说：

> 成功没有秘密。成功是精心准备的结果，是努力奋斗的结果，是从失败中汲取经验教训的结果。

在美国军队里,我们在研究和练习上花的时间要比战斗的时间多得多。所以美国军队很强大、高效。把同样的做法用到做企业上去,你成功的机会将会大大增加。

在福特汽车公司诞生前,亨利·福特破产过5次。在发明电灯泡和通用电气公司诞生前,托马斯·爱迪生失败过1000次!

在企业界,敢于失败直到最终成功就是大家所知的企业家精神。

在美国军队中服役过的每一个人在灵魂中都拥有相同的教育、培训、学习、纪律和勇气的基因。

回到今天的现实中,我不明白为什么传统教育要因为学生的错误而惩罚他们。我猜想传统学校的目标是培养成为雇员的人,而不是企业家。在传统企业里,如果你是个犯下很多错误的雇员,那你就等着被炒掉吧。

而犯下最多错误的企业家通过从错误中学习,从而成为富人。所以企业家必须是领导者。

在公司里,大多数拥有MBA等高级学位的员工通常都不是领导者,他们是经理人。他们管理着公司业务流程的某一个方面,如市场部、财务部或者法务部。所有这些方面,对企业的成长和盈利都是非常重要和必需的。

对一个企业家来说,问题在于你的工作是创造业务流程,而不是管理它们。

一旦业务发展了,你就可以聘请经理人,通常称为管理层。一旦有经理人运营公司，企业家就可以脱身去开辟新业务或制定发展战略、规划公司发展或把业务覆盖到全球。但是只有当你有了好的业务流程和很强的经理人队伍，这种情况才可能发生。

再说一次，我认为这个看法解释了为什么制订教育计划和业务计划是如此重要。企业家必须持续地学习，形成关于业务、革新、全球机会和市场的大格局。企业家是通才。经理人或管理者们是专家型人才，仅仅专注于某一个业务流程，如市场营销或者财务管理。一个企业家必须要懂得一些市场营销、系统架构和财务管理的知识，然后再雇用这些领域及公司里别的关键进程方面的专家作为管理者。

在我的公司里，我的团队一年有两次聚会，作为我们教育计划荣誉准则的一部分。我们在一起研究和学习。这个团队是富爸爸公司的顾问团队。他们都参与过富爸爸顾问系列图书的创作，我们的运作有一套荣誉准则。

我之所以有顾问团队，是因为我觉得自己不是最聪明的人。如果我有一个由相关领域里顶级专家组成的聪明团队，我自己就不需要最聪明。

简单地说，真正的企业家是相关业务流程中的通才，对广泛的相关领域略知一二。管理者是某个领域或某项业务流程中的专家或专门人才。他们的知识面不广，但对相关领域要有很深的了解。

我之所以说麦当劳是学习成为一个通才的极好地方，是因为在那里可以从总体上了解许多业务的流程。比起沃尔玛来，在麦当劳工作是不一样，也是更好的。因为大多数麦当劳的餐厅都较小、紧凑和精致，而沃尔玛商场非常大。

我已经能听到愤怒的呼喊了："你是说如果我想成为一个企业家，必须到麦当劳去打工吗？！"

不，我所说的意思是你必须是一个活跃的、有进取心的学习者。

举例来说吧。在高中的时候，我是一个"讨人嫌"的人。我的学习成绩通常是C，甚至还有得F的时候。但是当机关炮和火箭弹装到了我的直升机上，我明白了自己的下一站是越南时，突然间，我变得异常活跃，成了一个专注的学习者。

如果你即将成为一个企业家，我建议你培养同样的学习兴趣。如果你认为自己知道了所有的答案，那你很可能将要对自己的钱、家族的钱和投资者的钱说再见了。我懂得这一点，是因为在开始做企业家培训的过程中，我损失了很多钱。再重复一遍我在这章前面说过的话吧：成功的企业家精神无关于你懂得什么，而是你不懂得什么。

我经常被问到教育计划应该包括些什么。这个问题的答案是：教育计划无止境。但是一些基础的、你应该具备的内容包括税务政策、举债筹资、市场推广、相关技术、销售服务、会计财务、相关法律和人力资源。

你不必回到学校去，但是你必须是一个积极的、持续的学习者，就像你在军队里一样。军队领导人知道，敌人和战场总是在变化，战争总是在升级。这就是教育对一支强大的军队至关重要的原因。

在企业里，你可以自学或者周末去听课。最重要的是：你必须是一个积极的、有进取心的、雄心勃勃的学习者，否则在弄懂需要掌握的知识之前你就已经被淘汰出局了。作为一个企业家需要学习的东西比作为一个雇员可是要多得多。

例如，让我们看看税务问题。下图是被称为"现金流象限"的图。

在商业世界里，有四种截然不同的独特人群。

他们是：

E =雇员；

S =自己开业的小企业主或者专门人才；

B =拥有500人以上企业的大企业主；

I =职业投资人。

学校培养出来的学生大多数变成了 E 象限中的雇员，或者是 S 象限中的专门人才，如医生或者律师。

对每一组人群来说，税收标准是不一样的。

想要合法地、尽可能少地缴税，涉及很多财商方面的问题。

事情让人难以置信，那些让美国伟大、至今还怀有美国梦的人群——小企业主则缴纳最高的税。

但是这是真实的。这也是为什么研究问题，尤其是研究税收战略，对企业家来说至关重要。我见过许多成功的企业家，他们挣了很多钱，但是他们总是抱怨上缴了高额税金。他们之所以缴纳了高额税金，是因为他们没有研究过税收战略，以及怎样获得政府的奖励（税收优惠）。许多成功的企业家没有花时间研究税务，并找到一个很好的税务专家，他们专注于挣更多的钱，而不是持有更多挣下的钱。在我看来，这样做很不明智。

信息时代的矛盾

那些在不同象限中的人缴付不同比例的税金，这样公平吗？

可能不公平。但是没有人说过生活是公平的。它是基于我们军人为之战斗的"选择做一个雇员、一个企业家，还是一个投资者"的自由。

大多数人选择工作的安全性，并接受他们要缴纳 E 象限里高比例税金的事实。然而当今世界，工作的安全性已经变成一种矛盾的说法。在今天全球市场上，大多数工作已经没有安全性可言了，因为低薪国家正在争夺制造业、劳务合同和工作岗位。

二战后的一代曾经有一定程度的工作安全性。对那代人来说，得到一份工作后，在那个岗位上一干就是几十年，直到退休，然后过着幸福的日子。

从越战时期的那代人开始，工作的安全性就越来越低。据说如今的年轻人一生会做 5～7 份职业。这意味着他们必须在被炒掉后重新接受培训。

对二战后的一代，年龄和资格都是优势。一个人在某家公司干得时间越长，他们将变得越有价值。他们贡献的价值越大，得到的回报也越高。如今，这样的日子已经远去了。

如今的职场上，年龄和老资格是负债。现在大多数公司都在寻找精通技术的年轻人，但他们的职业时间将会比他们的老一代人更短。我有一批朋友，都是从很牛的大学毕业的，如哈佛和斯坦福，他们在 50 岁就被"请走了"。因为他们被贴上"太老了，工资太高了，观念太陈旧了，可以被电脑取代了"的标签。

如今，工作安全性的概念已经成为过去那一代人的过时观念了。

看看下面这幅让人清醒的图吧：有关婴儿潮一代即将面对的社会保险前景。

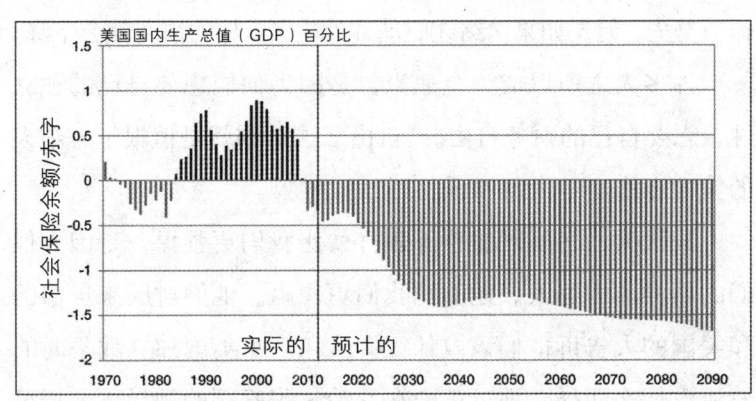

看到这张图,脑子里不可能没有一堆问题在打转。这意味着我们的社保体系崩溃了吗?这对那些指望着靠社会保险来度过退休生活的人意味着什么?我们还能继续指望靠政府来关照我们的父母和数以百万计的退休人员吗?当我退休时,我和我的家庭又会是怎样呢?

正是这些问题和其他类似的问题,让人们对未来充满了忧虑和恐惧。企业家们知道他们可以创造未来——收入、工作及让他们为自己的财务未来承担个人责任的机会。

所以,如果工作的安全性变成了一个矛盾的说法,解决的办法是什么?我建议我们回头从大视野的角度来看。例如,工作的安全性来自恐惧的情感,害怕失掉自己的工作。

如我在前一章讲过的,军队在训练新兵控制情绪方面做得非常好,提高了新兵们的情感智能。

生活在害怕失去自己工作的情绪状态中的人是低情商的人。他们或许受过良好的教育,非常聪明、优秀、诚实,工作很努力，但是如果情绪在驱动你的生活，你的情商就会下降。

许多人之所以成为企业家，是因为他们想要自己的独立性，想要自己的财务自由。"自由"这个词就是植根于一个人的精神智能。

我认为，之所以北越部队打仗比我们更强悍，是因为他们的精神动力强大。他们比我们更想赢。他们讨厌来自法国和美国的人告诉他们该做什么。这和当年美国独立战争时的情形没什么两样。那场革命在乔治·华盛顿的领导下，把英国人赶了出去。正如乔治·马歇尔将军所说：

> 军事力量赢得战斗，精神力量才赢得战争。

企业家精神同样如此。

从很多方面讲，通向企业家能力之路是精神方面的。美国和世界上其他许多国家都处于麻烦中——金融、道德和精神。美国和世界需要你，因为你受过脑力、身体、情感和精神方面的训练。

我们处于麻烦中，因为我们的许多领导人缺乏这种多维度的教育和发展。我们的许多领导人让我想起我在施乐公司的一位上司。这位上司很得意，他通过获得"学生身份延期"逃避了为自己的国家服兵役的义务。虽然他知道自己入伍后也不可能被派到越南去，但他就是不想为自己的国家服务。他唯一想做的事就是挣钱，在公司里"爬楼梯"。这个世界充满了这样的人，其中还有不少人身居高位，影响力巨大。

所以，我写这本书请求你做一个灵魂搜索，就像我决心加入海军陆战队前必须做的灵魂搜索一样。1969年，我被豁免分配到部队，因为我的分配方案上标明是"非国防要害行业"。换句话说：石油。我将是一艘油轮上的三副，为加利福尼亚标准石油公司工作。我的职业轨迹将是加州、夏威夷、塔希提岛和阿拉斯加。这是一份薪水很高的工作，每年还有五个月的假期。

也许我对服役和战斗的渴望根源于家族的武士传统。下面这张照片中的人物是我的曾曾曾祖父，他是一个武士，迎接了打开同日本贸易大门的美国马修·派瑞海军上将。作为长子长孙，我现在继承了照片中他手里的那把剑。

我的人生之路也是追寻着我的五个叔叔。他们在二战中效力于欧洲战场，所在的正是美国军事史上获得荣誉最多的战斗小组——第442步兵团。五个叔叔都活着回到了家里。或许我是被其中一个叔叔塑造了。他是二战中被日本军队俘获的两个日裔美国人之一，被迫进行了臭名昭著的巴丹死亡行军。又或者是受到我弟弟的影响——他自愿到越南战场服役。

当我独自坐在油轮甲板上——被免于从军，21岁的年龄就挣一大把工资——我的良知让我感到不安，陷入了精神的拷问中。

几个月后，我辞去了在标准石油公司的工作，到佛罗里达彭萨科拉的海军飞行学院去报到。我的工资从每月4000美元降到了大约400美元。尽管如此，我明白那是我人生中所做的最好的决定之一。

我不会想到所受的军事训练为我成为一个企业家、变成一个富有而自由的人做好了基础准备。到今天，我仍然很努力地工作，这不是因为我需要钱，而是因为我有使命感，就像我在越南时的那种使命感一样。尽管使命不同，但是在精神上是一样的。

你的使命能成为你追求自由的动力吗？我相信它可以。

作为一个企业家，第一项工作就是选择使命。使命是精神性的，来自内心。使命比金钱更重要。金钱虽然很重要，因为它是企业的燃料，但是它不是驱动着你坚持成为一个企业家的使命。这条路可能是孤独的、让人沮丧的、漫长的和艰苦的，也可能是富有挑战性的、使人激动的和展现抱负的。

做一个企业家比做一个雇员困难多了。企业家的失败率是令人震惊的。我倾向于相信那些企业家失败的原因一定程度上是因为他们没有在军队受过锤炼。你在军队所受的训练给予你难以置信的领先优势。尽管这并不能保证成功，但它确实奠定了一个坚实的、赖以打拼的基础。

我不知道是否有哪位企业家说过通往成功之路很容易。这条路上很多人都失败过多次，我也是其中之一。然而，我在商船学院、在飞行学院、在海军陆战队和战斗中学到了精神的韧性。正是这种韧性让我坚持了下来，特别是当钱花光了、公司这座大厦快要倾塌的时候。

自由VS安全

选择权在你手中，选择自由还是安全？你可能会发现你需要在做一个雇员还是做一个企业家之间进行选择。

我鼓励你选择挑战性强的那一个。哪一种选择能使你精神振奋？工作的安全性，还是财务自由的可能性？

两个选项在当今都不容易做出选择。

看看下面，在那些选择工作安全性的中产阶级身上发生了什么：

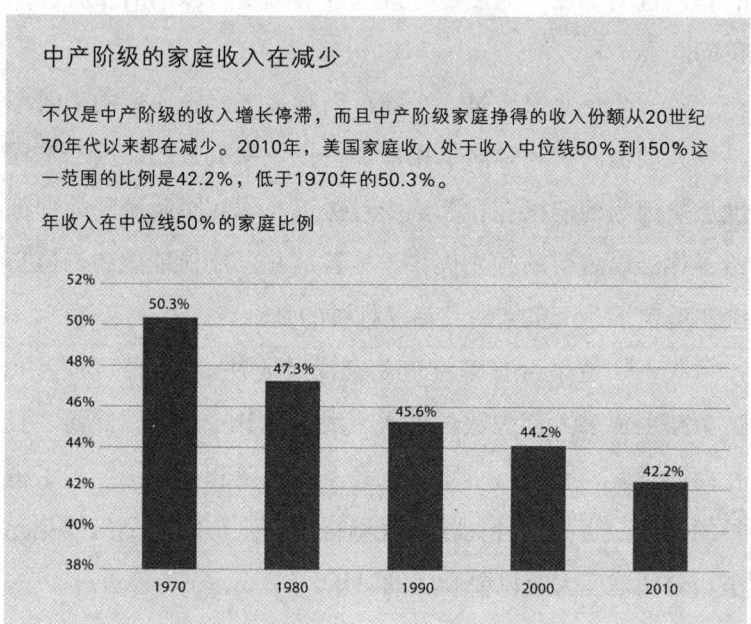

资料来源：阿兰·克鲁格：《上升和后果或者说不平等》，在华盛顿特区美国发展中心的讲话，2012年1月12日。

下一个图表，是我在《富爸爸第二次致富机会》一书中用过的。如果没有读过，你可能想读一下。那本书具体讲述了企业家和投资人需要学些什么才能成功。

这张图表显示了中产阶级没有变得富裕。正如图表说明的，他们变成正滑向贫穷的低薪族。

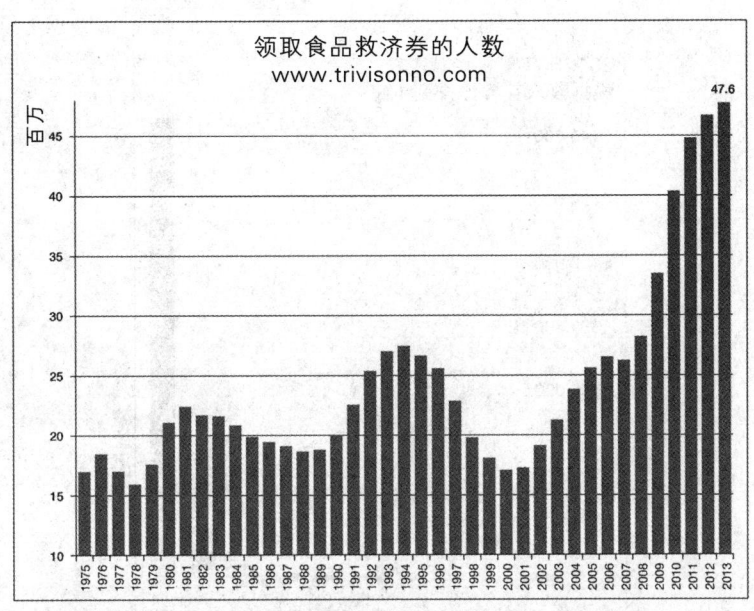

我们的政客们声称美国的贫困人口正在下降。他们没有告诉公众实情的是：在低薪族中，领取食品救济券的人数正在上升。你们知道，那些退役的老兵中，有许多人就是靠食品救济券和政府救济的其他项目为生。

富人和其他人之间的差距越来越大有几个原因。其中一个原因就是工作机会转移到了海外。另一个原因，那些在B象限和I象限里的大企业家和投资家，得到了更大的税收优惠。

看看下面的图表：

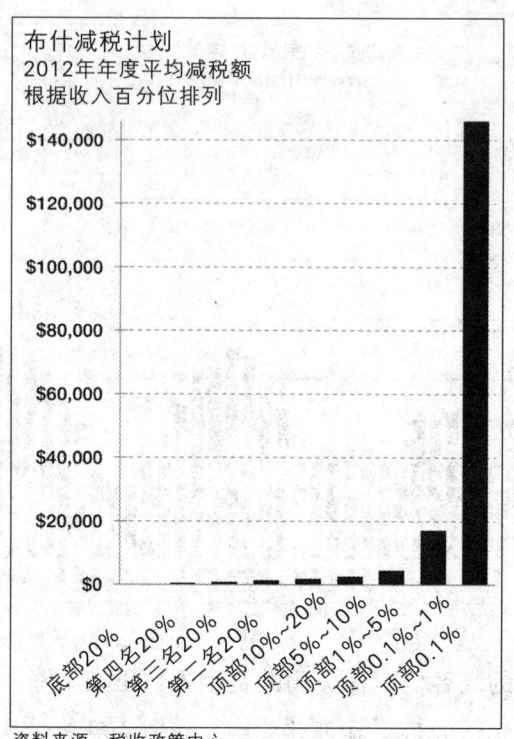

资料来源：税收政策中心。

我知道你在想什么：这不公平。

我从没说过这是公平的。然而这是我们为之保护的制度。你有同样变富裕的机会，享受和富人同样的税收优惠和减税。

在大多数情况下，你需要成为一名企业家。绝大多数雇员是没有资格享受这些税收减免的。这是中产阶级萎缩的另一个原因，与此同时，富人更富。

下面这张图说明了是谁在缴纳最高比例的税金。

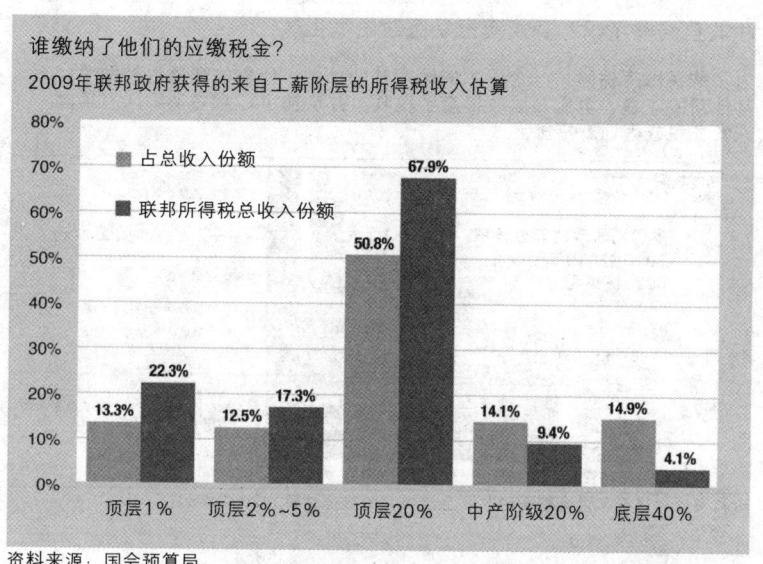

资料来源：国会预算局。

请记住：这些税收优惠是任何人都可以利用的，不管你是穷人还是富人，只要你有资格。税收优惠是政府的税收激励。例如，政府想让我们拥有自己的房屋，所以我们作为房屋拥有者，就能得到抵押贷款的税收减免。企业家比雇员获得更多税收优惠，因为政府想让企业家创造工作岗位。

具有讽刺性的是，那些缴纳最高税率税金的人是那些有一份稳定工作、攒钱，并投资于401（k）退休计划的人。我知道这是不公平的。

下面这张图表似乎适用于奥巴马医改——巴拉克·奥巴马总统的平价医改法案的未来。

税收已经够了吗？静候奥巴马医改法案生效

为了购买医疗保险（一个巨大的医疗补助计划）所需的慷慨的补助金和其他新的花费，奥巴马医改提高了税收，并增加了17项将影响所有美国人的征税或者罚款措施。

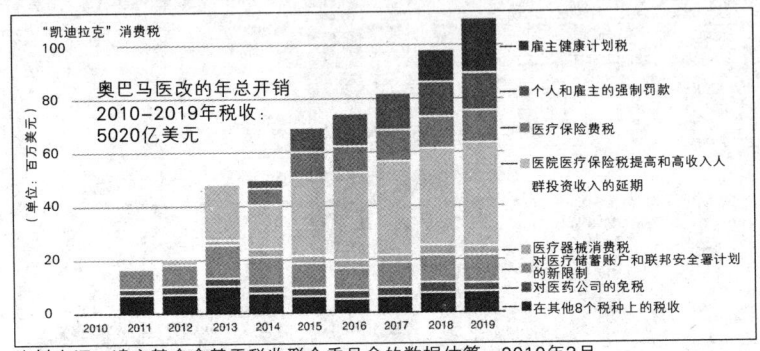

资料来源：遗产基金会基于税收联合委员会的数据估算，2010年3月。

　　看着像这样的图，我想到自己9岁的时候问老师为什么学校不教这样的东西。金钱是我们日常生活的一部分。不管你喜不喜欢它，财富富足或者财富缺乏都将对我们的未来造成影响。

　　如今我问同样的问题——为什么学校不教如何与金钱打交道的事？如今自己变成了一个直言不讳的财商教育的倡导者。

　　所以，我和金创建了富爸爸公司，我们致力于通过书籍、手机游戏和桌面游戏，以及新的学习平台把财商教育介绍给世界上所有的家庭和个人。

　　那些在B象限里做大了公司和I象限里做职业投资的企业家挣得了最多的钱并且只缴纳较低比例的税金。下面的图表说明了这点。

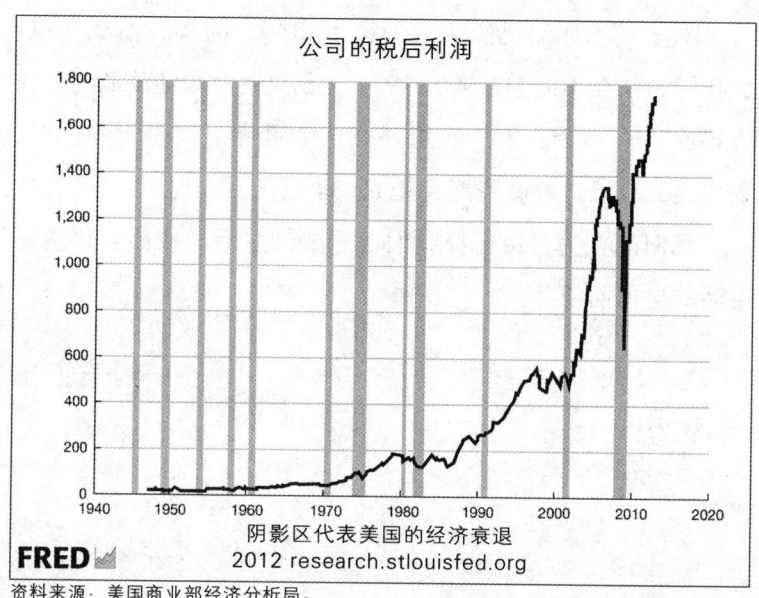

资料来源：美国商业部经济分析局。

图表清楚地显示了为什么富人更富，以及为什么巨富的人产生于赚大钱的公司。不幸的是，同样的做法不能说给穷人和中产阶级听。

这就是为什么我建议你考虑做一个企业家的原因。

你加入军队保护和捍卫我们所珍视的权利，这些权利包括致富的权利、贫穷的权利，或者成为中产阶级、企业家、穷人的权利。

1974年离开海军陆战队时，我选择成为一个企业家。我这样说不是开玩笑的，这正是我们为之战斗的自由和我们所捍卫的自由。我们为拥有富人的自由而战斗——也许是财务自由，即使许多美国同胞为取缔这种自由而战。

既然我和你们已经为成为富人和穷人的权利而战斗过，那我们为什么不成为富人？1974年我离开海军陆战队时，我决定成为一个企业家。我想要在这个世界上和别人不一样。我想挑战自己，看看我能否变成一个富人。

　　我们都在为自由选择我们所想要的生活和按照自己意愿生活的自由而战斗。

第二部分

领导力课程8讲

第三章

领导力课程第1讲：领导者要以身作则

战争和商业是相似的，通常都面临艰苦和危险的环境。许多人都想成为企业家，但是缺乏技能、胆魄和在商界中生存的训练。所以大多数人不是冒着风险开自己的公司，而是寻求比较安全的环境。他们宁愿工作有安全感而舍弃了自由，宁愿有份稳定的薪水而舍弃更多的财富。许多人紧紧抓住工作的保障性不放，因为他们对失败的恐惧远远大于他们对自由的渴望。

传统学校是教学生如何成为雇员，而军事院校则会教学生如何成为领导者。

领导力是有关成为行为榜样的。领导力是有关把自己的生命活出更高标准的。领导力既是美国商船学院里的一门学科，也是一个过程。我们必须以身作则，而不是用教科书里的深奥哲学。我们必须把所学到的应用于实践。从清晨到深夜，我们既下达命令，也被下达命令。如果我们不努力让自己达到更高的标准，我们就会受到严厉的斥责。不求上进和自满自足的人在这里不会被容忍。如果我们不能接受反馈意见,就别指望毕业。如果我们和长官顶嘴,我们就会遭受惩罚。如果我们骄傲自大,我们很快就会变得谨慎谦卑。

压力很大,纪律很严。当初我对这些压力有多怨恨,今天我对自己的4年学院生活就有多感谢。通过4年的培训,我们被训练成负责价值数百万美元、装满了数百万加仑货物的商船军官,管理一队在船上从事不同工作的船员。军队的训练为我日后在企业界成为企业家做好了领导力方面的准备。

B-I三角形:8个基本原理

B-I三角形中的B-I代表了企业和投资者。B和I处于现金流象限中右边的位置。B-I三角形由8个部分组成,构成企业的完整性。如果一家企业正在挣扎或失败了,那是因为8个部分中的一个或多个丧失了或者变虚弱了。

传统学校关注组成B-I三角形的内三角的几大要素:产品、法律、系统、沟通和现金流。

军事院校关注的是B-I三角形的外围的要素:使命、领导力和团队。这8个要素的整体性构成了这个三角形,并赋予它形状和结构的完整性。

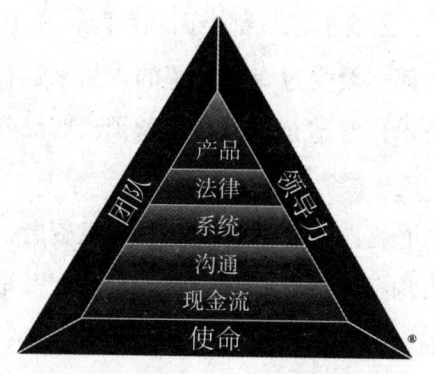

企业的8个完整性

传统学校关注于：

1. **产品**：首先是它的设计和开发。大多数人认为，产品是一家企业最重要的方面。如果你看看完整的B-I三角形，你将会看到产品是三角形内最小部分——因为它是最不重要的。一个产品没有强有力的B-I三角形在后面支撑，它很可能不是一个成功的产品。

2. **法律**：每家企业都需要法务顾问。法务顾问和律师在保护产品和B-I三角形的其他方面有非常重要的作用。

3. **系统**：一家企业是系统的系统。一辆车也是一个系统的系统。例如，一辆车需要燃料系统、刹车系统、电力系统，等等。人的身体由骨骼系统、血液循环系统、神经系统等组成。如果某一个系统在一家企业里、一辆车里或人体里缺失了或者功能不正常，所有的系统都会面临危险，并走向失败。

每家企业都需要受过专业训练的人员来运行系统。工程技术、信息技术、制造技术、市场营销、产品分销和内部业务系统都属于这一类。

4. 沟通：企业自上而下的沟通，与投资者、客户和员工的沟通。如果沟通不畅，公司就会有麻烦。从职业上说，一家企业需要强大的销售、公共关系、市场营销、网络和人力资源的沟通。所以对如今成功的企业而言，信息技术保障的沟通手段是一家企业必不可少的。

5. 现金流：要充分理解，一家企业必须要有大量的现金流入，而不是流出。这并不是一门像火箭一样复杂的科学。一家企业必须要有精确和清晰的会计制度。会计制度不严格，说明公司很弱。所以公司需要出纳和会计人员，以及首席财务官。

军事院校关注于：

1. 使命：使命是精神范畴的。它是一家公司或者组织存在的理由。进入军事学院的第一天，我们就被要求记住学院的使命，反复背诵直到滚瓜烂熟。从第一天起，使命的重要性就被清晰地印在了脑子里。

2. 团队：团队代表了力量。团队越强大、越团结，团队的力量就越大。从第一天起，我们就被教导怎样做好团队中的一员。要想成为一个出色的领导者，就必须知道怎样成为团队的一部分。集体比个人更重要。

3. **领导力**：领导者都是行为的榜样。领导力是通过信任、尊重、经验和工作能力获得的。

在军事学院里,我们不是被训练作为普通一员,而是作为团队的领导进行操作。我们不断地被提醒:使命、团队和领导力是在战斗中操纵船只或飞机至关重要的因素。我们被灌输这样的观念:在战斗中,个人的力量微不足道。生死依赖对团队领导有方的领导者。

做企业也是同样的道理。

罗伯·勒·康特做的《罗伯的报告》

罗伯·勒·康特18岁应征入伍,进入了海军部队,被训练成一名航空机械师助理。他接受了无数的训练,包括高级动力装置训练、武器训练、寒冷条件下的生存训练和领导力训练。他被派往全球很多地方——从日本、新西兰、开曼群岛到澳大利亚……他先后在美国海军的5艘驱逐舰和护卫舰上服役。如今,罗伯是富爸爸公司的信息技术主任,同时他也是位企业家,拥有自己的一家小公司。

罗伯的报告

在海军服役时，我是一个没有父亲且误入歧途的"朋克"。我没有意识到自己的问题，但是渴望有人能指引我。不幸的是，这个愿望并不意味着我会让遇到我的领导轻松一些。

我很快发现自己陷入了和连长紧张关系的麻烦中。我们有两个连长。在全连进行集体学习时，我自作聪明地想：这可是一次挑战他的好机会。

先介绍背景故事。我5岁的时候，父母就离婚了。父亲离开了。这给了我一个成为家里男子汉的成长机会。没错，家里的男子汉在5岁时就"成熟了"。为了抚养我长大，母亲尽其所能地认真工作。对她来说不幸的是，她有一个顽固、Ａ型性格的5岁孩子。这意味着我不懂得边界概念，不守纪律，缺乏引导。

话说回来。我们连队住的隔间有一家小型自助餐厅那么大，这是一个摆满了床的长方形房间。在中心位置，有一条长长的木板被当作桌子，供学习和做其他活动使用。我和我的新兵战友却被要求坐在地板上学习——尽管屋子中间就横着那条长长的木板。连长告诉我们，我们还没有赢得坐在桌前的权利。

学习的时候绝对不能交谈或发出任何声响，除了翻书和在笔记本上潦草地书写发出的声音外。真是无聊透了！但是这种情况没有持续多久。有一天，我们连的长官们向我们宣布规则和纪律，占用的时间和学习时间一样长。然后，他们就回到办公室去做事去了，很可能是策划一些像虐待狂一样的训练计划，并以此来训练我们。至少，对一个态度恶劣的18岁年轻人来说，似乎是这样。

我想这是搞个小幽默的极好时机。大约10分钟后，房间里完全安静下来。死一样的寂静简直快要了我的命，我需要点搞笑。我把头埋进书页里模仿放屁的声音。我愿意加上一句：很响。这是一个很长很慢的声音，引得满屋的人都开始窃笑。他们实在是忍不住了。紧张的空气被释放得如此之好，但是没有人笑得很大声——恐惧心太强大了。

我决定再试一次。我深吸了一口气，刚刚发出夸张的声音，突然门被打开了。每一个人的笑脸瞬间换成了恐惧的表情，带笑的眼睛突然回到了书上。

我们连队的一个连长走了进来。我们背地里叫他伯克长官。他一脸严肃，厉声问道："是谁闹出这么大动静？"大家沉默了几秒钟，他警告道："如果没有人坦白，每一个人都会被罚去骑自行车。"这意味着40个新兵每个人都会排着队被罚，直到长官觉得我们长了教训。我立即举起了手，并随他去了办公室报告事情经过，等着接受处罚。

第二天，伯克长官叫我去他的办公室。走进他的办公室有点吓人，但是我决定不露出任何情绪。我决不给这个陌生人任何控制我的机会和权力。我知道他会对我又吼又叫，大声申斥。我对这样的场面已经应付自如了。在我的一生中，我就是在继父和老师这样的态度中成长的。所以我对此一点儿也不在意，反倒是想要这样的场面。我想看看这个有点权势的人物会怎样发作，怎样用言语伤害我，怎样轻蔑我，让我屈服。我倒想看看他怎样用权势、地位操纵我，然后再对这个家伙做出判断，接着找到他的弱点。

但是情况没有像我想象的那样发生。伯克长官没有对我吼叫，而是以严肃和同情的口吻跟我说话。他给我上了宝贵的一课。他说："候补水兵罗伯·勒·康特，这个基地有数以千计的海军新兵。你们每个人都想要引起别人的注意。这里有两个办法可以做到：你可以通过每天十二分的努力变得杰出，你也可以成为一个卑鄙的家伙而转入后进连队。"进入后进连队意味着至少延长一周的训练时间。而且，这还意味着你不得不加入一个你完全陌生的连队，迫使你不得不同一个陌生的团队相处，并面对新的连队长官。这是除了被踢出训练外，可能给予的最严重的处罚了。

每天付出十二分的努力和成为一个卑鄙的家伙都需要坚忍的精神和顽强的意志，但总是付出十二分的努力只有少数人才能做到。这需要领导者的力量。"你知道为什么领导工作更艰苦吗？"他问我。我想做一个自以为聪明的回答，诸如"每个人都会来拍你的马屁，也知道了你的种种毛病"。但是我克制住了。这个人让我感到惊讶，与其以抗拒的态度对待他，我更想进一步了解他。

伯克长官继续说："领导者受到大家尊敬，但是也被捧到了更高的标准上，因为每一个人都在看着你，有人还等着看你失败的下场。"

他问道："为什么人们想要看到领导者失败？因为这样他们就获得了放任自己、轻松应付事情的可能。"

他说："领导者是通过榜样的力量来进行领导的。领导者制定规则，并带领着那些追随着他的人。"

"您是我从没有见过的那种领导。"我不假思索，脱口而出。

"不，我没有那么好。"伯克长官说，"但是我认为你把领导地位和领导行为搞混了。领导者，通过以身作则来领导，而不是通过恐吓和声音的音量来领导。领导者的力量来源于自身的榜样。领导力是挣来的、干出来的，而不是靠被任命、被授予的。"

他终于回到了我身上。"所以，海军新战士罗伯·勒·康特，你现在引起了我的注意，但是你不是以领导行为来吸引我的。我明白你是有领导力的，我能从你身上看到力量。因为这一点，我要做两件事：第一，我要给你一个处分，罚你在饭前跑10英里。我要做的第二件事，就是跟着你一起跑。当惩罚结束后，你要告诉我，你是要领着水兵们变得更棒，还是带着他们变得平庸？"

这个故事还有许多后续的内容，我将会在后面的章节里再和你们分享。

那么，这个故事的道理在军队之外如何运用？比如如何利用它变成一个企业家？首先，我对企业家方面的事还算是新手。我正在开始做我的第二笔生意。让我告诉你我是怎样在职场中以身作则实施领导的。从海军退役后,我找了个做网页开发的工作。作为一个新人,公司里的人我一个也不认识。但这不是什么难事。因为我已经学会了该怎么做。我需要树立一个榜样。我需要陈述自己的立场:我的伦理、我的道德、我的信仰,以及我需要变得更好。从第一天开始,我早早地去上班,很晚才离开。我这么做不是为了赢得老板的表扬,虽然这么做是有工资回报的。就这样一直到我工作的速度提高了,做出的工作业绩追上了我的同事,在此之前,我一直都没有动摇过。

罗伯·勒·康特

第四章

领导力课程第2讲：你是个孤独者还是领导者？

这个世界充满了心地善良和志向远大的人。许多人有强烈改变世界的愿望，想让世界变成更美好的人间。他们可能有很伟大的理想，但是往往没有人听从他们、追随他们。他们可能是聪明人，但是他们没有权力，所以无法领导和激励人们前进。

传统学校训练学生们成为孤独者，仅仅是自己成功的孤独者。军事院校训练学生们成为领导者，只有他们的团队成功了，自己才是成功的领导者。

在美国商船学院，最艰苦的工作是担任轮值班长。作为班干部，我管理我的同学、我的同事——全都是一帮和我年龄相仿的男孩儿。作为班干部，在集合出发前往上课时确保所有同学到齐，并对有人缺席做出解释是我的工作。一旦所有人列队完毕，我就会下口令："全班注意了。向右转，齐步走！"作为班干部，确保队伍行进时步伐一致，没有人脚步错乱是我的工作。作为班干部，确保队伍准时到达教室，并做好等待上课的准备是我的工作。当教师走进教室，我会高喊："全班注意了！"如果班里有任何人破坏了规章制度，我是要承担责任的。如果班里有同学迟到或早退，班长是会被处罚的（而这个角色就是我）。换句话说，班长会和那个破坏规章的同学一起接受处罚。谢天谢地！我只需每隔3个月当一次班长。让那些18岁的男孩子遵章守纪真的不是件轻松的事。

但是，当班干部的经历从多个方面为我日后做企业打下了基础。如今，我的一个角色是保持一组成员权且叫作成人（跨越了很大年龄段的成人）的协调一致性，承担责任，努力工作，保证没有人游手好闲。

富爸爸经常说："如果不涉及管人的问题，做企业会变得很轻松。"我同意这个说法。之所以有很多人只做小公司的老板，或者宁愿成为一只独狼也不愿意成为较大企业的领导者，这是原因之一。因为处理或年轻或年老员工的各种各样的事绝不轻松。对于正在成长为较大企业的企业家来说，必须成为一个善于处理越来越多员工麻烦事的领导者。这很考验领导力。

现金流象限

下面的图是现金流象限。《富爸爸财务自由之路》一书中主讲这一知识点。许多人反映说知道了现金流象限的道理后，他们的人生改变了。

E代表雇员

雇员们,不管他们是清洁工还是公司的总经理,经常会说这样一句话:"我在寻找一份安全、有保障、工资发放及时并有良好福利的工作。"

在企业,绝大多人都待在E象限内。所以父母们经常这样对他们的孩子说:"好好学习,将来找个好工作。"很少有父母会这样建议:"开一家你自己的公司,做一个企业家。"对绝大多数人来说,工作有保障和稳定的薪水比起富有和财务独立是更重要的事。

在雇员的世界里,成功通常意味着与同事竞争升职加薪的机会。从很多方面来说,做雇员就是生活在一个狗咬狗的世界里。在这个环境里,每个人都在提防着他人。帮助某人进步意味着你的落后、被替代,或者被炒鱿鱼。

更糟糕的是，待在 E 象限里的人比起在其他象限里的人要缴纳更高比例的税金。

S代表小企业经营者、有专门技能的人，如影视明星或者运动员

很多小企业主都是孤独的。大多数小企业主只有 5 个以下的雇员。

下面是 S 象限中的人通常爱说的话：

- 如果你想做得没有毛病，那你就自己动手吧。
- 我想以自己的方式做事，自己给自己定规则。
- 我是最棒的。没有人能够比我做得更好。
- 我喜欢独立性。员工越多，意味着麻烦越多。
- 别告诉我任何事。我知道自己在做什么。
- 我是根据钟点收费。
- 我现在做不了。我非常忙。下周我可能就有时间了。

对 S 象限中的小企业来说，一个关键问题是如果他们暂停了业务，也就没有收入进账了。例如，如果一个大夫或者牙医去度假，这期间他就没有收入了。

在 S 象限中的人通常是企业范围里的个体商贩。他们重视独立性。他们不必成为领导者。S 象限中的人缴纳第二高

比例的税金。

B象限中的人依赖员工、团队和领导力

B象限中的企业被定义为"拥有500个雇员以上的企业"。如果在这样一个规模的企业里，领导力很弱的话，企业就会麻烦不断，甚至走向破产。如果领导力很强，就会出现员工稳定、团队团结和业务兴旺的局面。所以领导力对B象限里的企业主至关重要。

从B象限中的人那里，你经常可以听到他们这样说：

- 我在寻找比我聪明、比我经验丰富的人。
- 他们的团队作用大吗？
- 他们可靠吗？
- 他能给予良好反馈吗？
- 他想要承担更多责任吗？

I象限中的人依赖投资回报

B象限中的领导者知道怎样依靠员工的努力挣更多的钱，而I象限中的领导者知道怎样运转资本以产生出更多的金钱来。

I象限中的人经常说：

- 我们如何增加净营业收入?
- 上限率是多少?
- 市盈率没错吧?
- 我们能填写备兑认购期权吗?
- 我们怎样对冲我们的头寸?

个体VS团队

许多运动项目都是个体性的,像高尔夫或者网球这样的运动对个体运动员有很强的吸引力。在E象限和S象限里成功的人士总体上意味着能够靠自己生存。

也有许多运动项目是团队性的,如足球、橄榄球或者篮球都是团体性运动。领导力和坚强的团队对于在B象限和I象限中的人取得成功是至关重要的。

传统学校里的教育

绝大多数学校培养的学生是将来在E象限和S象限里工作的雇员。在传统竞技场里的教育,意味着靠自己去和同学竞争最好的学习名次。在这样的学校里,某些人总是排名拔尖,而某些人总是垫底儿。合作在这里被认为是虚伪的。自我保护比集体保护更重要。你的同班同学就是你的竞争对手。这种态度后来也被带进了企业界里。

军事院校里的教育

军事院校里的教育重视领导力的培养。学生们被教导要团结团队中的每一个人，搞好团队建设。毕业后，学生们要领导部队，指挥舰船，或者领导整个飞机机组。我们所接受的教育着眼于与有不同技能、不同职业的人共事，还要懂得舰船和飞机的整体工作制度。我们被教导使命重于生命，被教导领导人的成功有赖于其他人的成功。

合作和协调是领导者的基本功。以牺牲他人为代价的生存被认为是对集体的背叛。在军事院校里，学生们被教导为其他人的生存而献出自己生命的终极牺牲是一个领导人必须具备的崇高境界。

B-I 三角形

在前面关于 B-I 三角形的讲解中，我们讨论了军事院校和传统学校有多不一样。传统学校关注的是商业 8 个要素中位于内部的 5 个要素，而军事院校关注的是 8 个要素中位于外部的 3 个要素。

这是在 B 象限和 I 象限里的人必须成为一个称职的领导者的原因。领导者必须知道怎样团结不同专长的人，把他们组织成一个富有成效的团队。这就意味着领导者必须知道怎样从被训练成独来独往的操作者的 E 象限和 S 象限中得到人才，并把他们训练成运营团队的一部分。

这种领导才能对产生财富来说非常重要。在 E 象限和 S 象限里获取财富有限，领导者必须让人们保持团队运营，才能产生出非凡的财富。合作对于产生巨大的财富必不可少。

行动步骤

锻炼和开发你的领导力

1. 与三两人一起讨论四个象限间的不同。为什么 E 象限里的人说"我在寻找一份安全、有保障和良好福利的工作"？为什么 S 象限里的人说"如果你想让事情没有毛病就自己动手"？为什么 B 象限里的人说"我正在寻找合适的人"？为什么 I 象限里的人说"我的投资回报是什么，什么时候我才能见到回报"？

2. 你目前在哪个象限里？未来你打算进入哪个象限？

3. 讨论孤独者，即有很宏大的理想却没有人追随的人，是什么让他们成为孤独者的。

4. 讨论领导者，即人们自然地听信、尊敬和追随的人，是什么让他们成为领导者的。

5. 讨论什么时候你是一个孤独者，什么时候你成了一个领导者。

6. 讨论你能做些什么以成为更好的领导者。注意，你可能已经是 E 象限和 S 象限里的领导者了。

7. 你愿意做哪些承诺来提高你的技能？谁会让你负责？谁会给你反馈？

本章小结

当我第一次跨进美国商船学院时，我还有些青涩。在由清一色的男人组成的学院里，我发现自己容易被那些比我更聪明、更强壮和更有男子汉气概的同学摆布。在这样的环境里培养自己的领导者角色实在是太难了。现在回想起来，如果我想要开发自己的能力，变成生活中的一个领导者，对我来说这是个绝妙的环境。

如果我继续和我的高中同学在一起的话，我不会经历在美国商船学院这么大的挑战性。如果我继续和高中的朋友待在一起的话，我可能还是个傻傻的人。每天被迫在学院里接受领导力的培训，教会了我怎样去对付那些聪明、强壮和充满男子汉气概的人，而这样的人是我将来会在企业界里遇到的。

罗伯的报告

你还记得我因为模仿放屁的声音而遭遇的麻烦吧。伯克长官下了惩罚令，并决定和我一起接受惩罚。我开始跑 10 英里。当我们走到出发点时,我停下了脚步,伯克长官也停住了。谁也没有动一下。之后,他朝我笑了一下,就率先跑开了。我紧紧地跟随着他。

在跑出1英里时我们没有讲话,并保持着他跑在前、我在后的顺序。坚持下去非常困难,但他的状态非常好,尤其是他比我年长。跑步时,我看到了连队的其他战友。另一个连长在休息时间把他们带到了训练场。

伯克长官的脚步慢了下来,于是我也减慢了速度。我不愿意和他并排跑步,那样就不可避免地会发生交谈。他又慢了些,我也照此减速。他朝我笑笑,叫我跟上去,跑到他身边。我只好低头跑过去,心里直犯嘀咕。

显然,伯克长官有话对我说。"我们现在已经知道你有模仿声音的才能了,那么让我们看看你的领导力怎么样吧。我要跟你做个约定。跑完这一圈,你可以回到连队里去。连队里若有任何人愿意陪你跑一圈的话,你就可以少跑一圈。"

我惊讶了。这听起来是一笔很棒的交易。但是我不愿意流露出我的感激。

"您一定是累了吧?"我问道。自以为是的小聪明再次让我不经脑子就脱口而出。他只是朝我笑笑。

"你知道我在这里跑了多少次了吗?"他问道,"你在想你是第一个和一个老头跑步的人?我能在这里跑一整天呢。但是我更愿意做的是发现一个领导型人才。这会是很特别的。你能领着你们连的战友放弃休息,跑上几圈吗?"

"那当然。"我回答道,"我马上回来再跑上几圈。"我最不缺乏的就是自信。

伯克长官跟着我。我不希望他跟着,但也无所谓啦。他没有为这事提出别的要求,但我知道该怎样让那帮小子帮我的。我们走近离我们最近的一群新兵。

"嗨,布兰克斯顿,我们做个交易吧。"布兰克斯顿没有看着我。他的眼睛盯在伯克长官身上,寻找自己应该做什么的某种信号。长官毫无反应,只是面无表情地看着我。我又重说了一遍。

"如果你陪我跑上一圈,我会为你擦靴子。"

布兰克斯顿再次把眼睛转向伯克长官以寻求自己该做什么回应的线索。长官仍然没有任何线索给他。

"哦,不用客气,"布兰克斯顿说道,"我只是出来溜达一下,放松放松的。"

我的肩膀垮下来了。我需要把这个交易变得更甜蜜些。

"我帮助你学习指挥系统怎样?"在我去新兵训练营前,我在家里做了些准备,并且记住了征兵人员向我暗示的一切事情。不用说,我连队里的大多数人都没有像我这样提前做好准备。这当中也包括了布兰克斯顿,我了解他。

"不用了,谢谢。"布兰克斯顿回答后转身离去了。

我用同样的话又请求了三个同连队的新兵,都是同样的结局。

伯克长官指示我继续跑。我非常困惑:为什么没有人愿意帮助我呢?我认为自己挺招人喜欢的呀。我们两个又跑开了。现在，每一步都非常沉重。我的精神被击垮了。就在几分钟之前，当被给予解除惩罚的办法时，我还是信心满满的，认为我将在没有受到真正惩罚之前，通过这个办法就可以避免因为恶作剧而产生的后果，结束和这个奇怪的长官待在一起的不自在的感觉。

"也许我用这个办法对待你是错误的。"他在前面边跑边说，"看起来我是这里的唯一领导，只有一个人追随的领导。"

我叹息了一声。这趟跑步现在开始觉得腿疼了。我们才刚开始，我的呼吸急促，身体发热。

跑了半圈，伯克长官又对我说话了。

"你知道自己为什么失败吗？"他问道。我没有回答，因为我委实不知道。我认为自己给那些家伙的交易条件够不错的了。

"你没有领导力。你没有树立榜样。"他说。

"你仅仅是在做以物易物的交易。你不是以领导者的方式接近你的新兵伙伴，而是以一个推销员的方式。任何人都可以对推销员说不。但是谁会对一个领导者说不呢？"

我沉默了。我不明白那意味着什么。最后，我说："我不是他们的领导，我和他们是平等的身份。这周哈里斯是轮值班长。"

"我不是在谈论班长。你又一次搞混了领导身份和领导行为这二者。领导者是通过榜样来实施领导的。问问你自己，你能树立什么榜样？你的伙伴们希望你树立什么榜样？而现在你树立的是什么榜样？"这段话充满了问句。

我开始感觉到了一种观念的植入。一种温暖的感觉进入了我心里。我还无法确切地说出它究竟是什么，但是我反复掂量长官刚说过的话——"他们希望你树立什么榜样？"

如果这些新兵都像我这样调皮捣蛋会怎么样？我究竟想要什么？我愿意像这样让长官陪着我跑忍受处罚吗？我想知道，当我遇到困难的时候难道总会有人陪在身边吗？我绝不要这样的人生。如果我用自己过去那些人生态度影响那些新兵战友，会对他们产生什么消极影响？如果他们受了我的消极影响，我该怎样挽回？

这是我受到的最不可思议的惩罚。

"你把问题想明白了吗？"我的长官问我，"你做好了再试一次让你的同班战友和你一起跑的这个准备了吗？"

我带着信心点了点头。这次我走到所有新兵们的面前，不是向他们行贿似的许诺，而是以团队和家庭的角度向他们讲话。我的讲话是从承认自己的错误事实开始的。我这样表态："我犯了错误。如果你们犯了错误，我将帮助你们承担后果。即使你们这次不帮助我，我也会帮助你们的。我喜欢这个团队。我想要大家彼此团结一致，并互相关照。我会帮助你们的。这次是否帮助我，你们自己决定吧。"

伯克长官是在锻炼我的领导力。不仅是做一个有激情和有勇气的人，还要做一个有领导力的人，受到大家拥戴的人。你认为我讲的有用吗？我将在第6讲（第八章）中再次提到这点。

罗伯·勒·康特

第五章

领导力课程第3讲：训练造就高品质的生活

我们有多少次听到有人这样说：

- 我需要锻炼来减轻体重。
- 我希望能挣到更多的钱。
- 我怎样才能摆脱债务？那些账单要活活地吃掉我呀！
- 我应该开一家自己的公司。

说这些话的人知道他们需要对生活做出改变了。他们需要改善自己的生活，追求更高的生活品质。过上更高水准的生活需要有比想法、愿望和期待更多的东西。这需要训练。训练带来更高质量的生活。

很多时候，我们变成了生活的囚徒。我们跌入了难题和梦想之间的陷阱。我们知道自己需要改变，但是改变并非总是轻松的。

许多人没有去追求更好的生活，仅仅是因为他们带着问题生活得很惬意。他们的问题变成了生活。例如：

1. 一个人虽然体重超标却可以很舒服，因为节食和锻炼让他感觉不舒服。

2. 一个人能在一份工资不高的工作上过得很舒服，因为开办自己的公司会让他很不舒服。

3. 一个人的婚姻关系已经名存实亡，但是比起单身的不舒服，无聊的婚姻关系还是让他觉得相对舒服。

提高生活质量需要训练。改变需要让自己感觉不舒服。在他们的生活质量得到提高之前，他们要学习新东西，会见不认识的人，成为一个更完美的自己……只有人本身得到提高，他们的生活品质才会得到提高。

所以在军事院校里，学习训练和纪律训练是其开设的绝对重要的学科。

传统院校专注于进行学术训练，军事院校专注于进行领导力训练。

我当初之所以选择军事学院，是因为我知道自己缺乏训练。我知道如果没有通过训练，我将无法毕业，或者无法得到学位证书。尽管之前我就明白自己缺乏训练，但是我并不明白真正的训练是什么，直到我进了军事学院。

首先，我认为纪律是别人要求我做的事。例如，因为我没有服从命令，因为我没有清扫自己的房间，或者因为我没有晚上学习，一个高年级学生当着好多人的面把我责骂了一顿。过了一段时间后，我才领悟到纪律是我自己要求做或不做的事。我明白了，如果你没有变成一个自律的人，别人就会一直对你大吼大叫。

在军事学院的第一个月，许多新生还接受不了训练。他们中许多人在学术上表现得很聪明，但在训练上却显得很笨拙。不少人甚至做不好最简单的事，例如，听到早上6点的军号起床或者在上课前集合列队接受检查。一些人不愿意在制服着装方面按要求穿着，或者按要求理发。一些人不能忍受因为违反了简单的纪律而被大声呵斥，如"勿迟到"……他们中许多人在家被宠坏了，并把这些坏习惯、坏毛病带到了军事学院。被宠坏的孩子中哪怕是最聪明的孩子，他们的毛病也熬不过第一年的夏天。

我也是这样，差点在第一周就打了退堂鼓。压力太大了，有好几次我几乎都崩溃了。慢慢地，我适应了，开始懂得什么是真正的锤炼。训练不是你被人家呵斥、责骂，然后不情愿地按照人家的要求去做。真实的训练要丰富得多。我懂得了有两类训练：外部的和内部的。随着日子一天天、一月月地过去，我开始意识到缺乏内心的训练，外部的训练是最残酷的。我越想通过欺骗、走捷径、说谎、不服从命令反抗制度，外部的惩戒训练来得越严厉。

换句话说，我意识到不管我们愿不愿意，这个世界总是在训练我们。例如，如果我不训练就餐和锻炼习惯，外部世界就会训练我。如果我傻乎乎地不接受财商教育，外部世界就会通过让我亏钱的方式来训练我。如果我是个骗子、坏蛋或说谎者，外部世界诚实的人们就会通过排拒来惩戒训练我。

我的新生训练第一年简直就是地狱。我总是被分配额外的工作。额外的工作是惩罚那些不服从命令的人的。如果我归营晚了，就会被记10个过失分。每晚2分钟，就要被加记1个额外的过失分。例如，如果我回校晚了30分钟，就会被记上25个过失分。其中10个是晚归的基本过失分，15个是额外过失分（按照每2分钟记一个计算的）。25个过失分意味着25小时的额外工作。也就是说，我每迟到两分钟，就要增加一小时的额外工作的惩罚。额外的工作可以是清扫厕所、拖地，或者是修整老旧的管子，为它们刷漆。因为违反纪律而增加额外的工作，意味着学习时间减少。

我因为成绩较差和行为不端，差点被开除出校。新生中在一年里被记最高过失数量的人，其过失分达到了300个。如果新生的过失分超过了300个，他就会被学校开除，即使他的学习成绩很好。我的第一学年里有286个过失分，学习成绩的平均分是2.01分。

慢慢地，我开始认识到，学习成绩糟糕和行为不端是因为我缺乏自律。

到了第三学年，在我变成更加自律的人后，才不会明显感觉到外部的约束。最后，这些外在的约束渗入了我的生活。如果我是个领导人，我需要更高标准的约束，内在的和外在的。

如今，随着年龄的增长，我也更明事理了。我懂得了当我感到需要提高生活品质时，如健康、财富、朋友、业务和幸福的时候，我需要更多而不是更少的约束。

力量和KRC三角

海军陆战队的座右铭是"Semper Fidelis"。口语上经常被省略为 Semper Fi。这俩词来自拉丁语，意思是"永远忠诚"，表达对海军陆战队的忠诚和信守承诺。

Semper Fi 象征着每个海军陆战队士兵对军队和国家及他们的海军陆战队战友的奉献。这是一种生活方式。

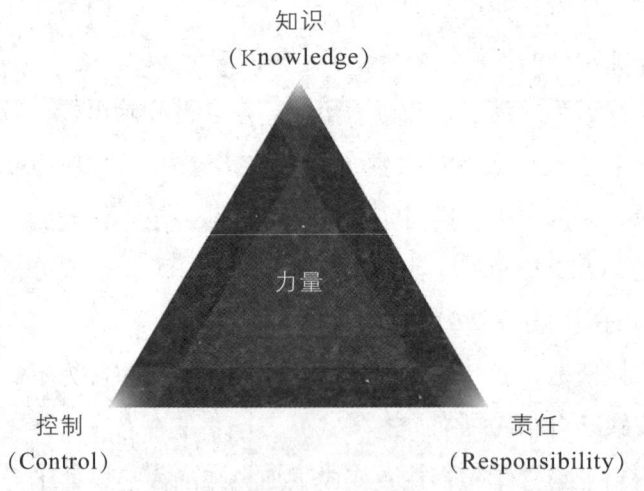

在武装部队中，不断提高的知识、控制力和不断增加的与力量一致的责任之间存在着相互依赖的关系。这种关系最

好的一个例子就是海军核力量或者海军潜艇的精锐力量。在美国,这是唯一一个推进装置由核能驱动的运载工具,其唯一的目的是在国家武装力量总司令下达命令后发射出核弹头。这些弹道导弹潜艇又称核潜艇,服务于完整的空中、陆上和水下三位一体核打击能力系统。

由丹泽尔·华盛顿和金·哈克曼主演的电影《核艇风暴》把这种责任戏剧化了。毫无疑问,有资格指挥这些潜艇的军官应该是经过最艰难的训练,是美国海军中最受尊重的人。未来的人选是还在海军学院里学习的人,需要驾车从安纳波利斯出发到华盛顿特区去谒见海军上将海军核力量之父——海曼·里科弗,才有可能被考虑参加海军核项目。许多人没有通过谒见这一关,更不用说参加随后数月的现场核反应堆培训教育。

如今,里科弗在筛选和培训方面的标准仍然是海军训练项目中最严苛的标准。他和他为美国海军设立的标准被认为是反应堆零事故纪录的功臣。这个纪录与苏联海军形成鲜明对比,对方因为反应堆事故损失了好几艘核潜艇。

运载和发射核弹的重大责任使它需要更大程度的控制,以确保符合精确的标准。鉴于任务的背景是我们国家的安全受到威胁,如果再加上一个不可想象的错误后果,任何除此之外的其他做法都将是鲁莽的。在美国核潜艇上的军官们需要更丰富的知识、更严格的标准、更高水平的控制,以承担我们的领导人赋予他们的让人敬畏的责任。

四个基础训练：把煤炭变成钻石

下图是我们每个人都具备的四个方面的基础训练。

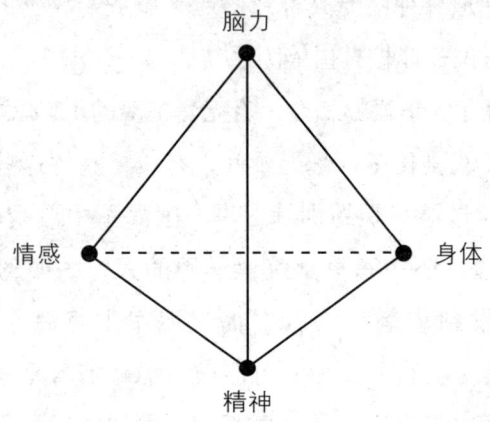

训练会影响构成这个四面体的基石，把煤炭变成钻石需要在以上四个方面施加压力。

许多人在生活中想要获得更多的成功。问题在于，他们生活中在这四个方面的基础训练远远不够。例如，一个人可能会说："我需要减肥。"于是他持续地节食，这是身体上的。但是三天以后，路过一家巧克力蛋糕店时，他的情感上会说："我想要那个蛋糕，我需要我的巧克力派。"于是节食减肥计划又泡汤了。

提升某人的生活品质需要四个方面的力量——脑力的、情感的、身体的和精神的。当一个人失败了或者被骗了，或者没能改善自己的生活，这意味着四个基础中的某一个或多个方面较弱，他需要用训练的力量把四个方面的能力转化成一颗钻石。如果缺乏训练，这四个方面的力量就会很弱。

相关提问：

> 为什么人们从事他们不喜欢的工作？
> 为什么想致富的人却没能变富？
> 为什么如此多的小公司会失败？
> 为什么如此多的小公司总做不大？
> 为什么大多数人的减肥计划总不成功？
> 为什么人们不坚持锻炼？
> 为什么抽烟的人持续地抽烟？
> 为什么生活中的失败者总是失败？
> 为什么人们会去欺骗和偷窃？
> 是什么让人们孤独和不开心？

相关答案：

> 缺乏训练。

解释：

走向另一个水准的生活需要在脑力的、情感的、身体的和精神的这四个方面做出改变。而这需要训练。所以军事学院里领导力的训练对我来说就是生命的改变。学院不仅仅是从心智上教育我们。通过紧张的压力，学院从脑力、情感、身体和精神上改变了我们。

回到1973年从越南战场归来的时候。在军人的世界里待了将近10年后，重新进入真实平民世界的我，感受到了不同文化的冲击。我不敢相信在公司里有那么多人缺乏训练。我不敢相信有人明明没病却打电话请病假，或者说要晚到，或者不告诉任何人就早早回家了。我不敢相信种种借口、谎言或不服从能够被容忍。如果我在海军陆战队那么做，我会在草地上被枪毙了，或者至少被痛斥一顿。最让我不能平静的一件事是不少人因私事外出时，一点都不考虑他们的工作伙伴和公司。如果在战斗中，我作为一个直升机驾驶员那么做的话，我会被击毙，如果一枪没有被打死，会被再补上一枪的。

很显然，我必须用我在海军陆战队的方式行事，忽略商业文化。问题在于，我变得太马虎了。我的自我约束已经被松懈得太多了。我意识到自己在企业管理方面的失败是由于缺乏训练而造成的。通过我在军事学院和海军陆战队的教育，我知道除了自己外，没有人可以责怪。我知道必须对自己施加更高标准的训练，这样才能提高我的生活水平。

企业里的训练

当一个人说"我干不了这个"时，领导者必须迅速确定这个人所缺乏的训练究竟是脑力的、情感的、身体的，还是精神上的。领导者需要了解这个人是否有能力严格负责其被要求做的事情。

有时候一个人不能做某件事是因为他没有经受过做这类事的脑力训练，或者是身体上没有条件，或者是情感上有缺陷，不能完全控制他们的恐惧、愤怒或者悲哀。

在企业家精神中，所有四个方面的基础都承受着压力，尤其是精神方面。如果一个人精神上很脆弱，其他三个方面都会比较弱。如果一个人精神上脆弱，想让他忍受得了严格的企业家精神是不可能的。

企业家需要具备这四个方面的基础才可能成功。企业家必须能够忍受得了情感上的恐惧：没有稳定的工资收入，当资金即将耗尽时还能继续运转下去；要具备快速学习的脑力能力，尤其是在犯错以后从错误中学习；工作多年却能够不歇息地扛下来的身体力量；对公司的每件事都能够承担责任的成熟度。还有，最重要的是，艰难地面对在法律、伦理和道德方面的弱点，当所有希望看来都消失的时候，还保有顽强地坚持下去的精神力量。简而言之，性格是训练出来的。

要求我成为一个电脑程序员或网页设计师是没有道理的。从脑力上说，我没有受过相关的训练；从情感上讲，我不想学；从身体上看，虽然我可以强迫自己去学，但是我宁愿聘一个受过专业训练的人来做这件事；从精神上论，当涉及技术方面的事情时，我是个低能的人。

当我听到某人说"我没有资金怎么进行投资"，我需要立即评估这个人是在脑力、情感、身体还是精神上很弱。在大多数情况下,这样的人弱在精神上。如果一个人在精神上弱小,其他三个方面也不会强。

　　我们大多数人都听到过这样的说法,"只要意志不倒,天无绝人之路"。当我们谈及一个人的意志,我们是在谈论他的精神品质。在战场上,当恐惧达到顶点时,我们的身体反应是自己射出去的子弹满天飞,失去了准星。我们的脑子也绝望得像一团糨糊,观察、思考、射击和服从命令的理智消失得无影无踪。如果我们在精神方面懦弱,死掉是早晚的事。如果我们的精神力量丧失了,四个基石将会分崩离析——人也就完蛋了。

　　这就是许多进入充满敌意的企业里的人遇到的情况。如果他们失掉了精神,他们就失掉了对脑力、体力和情感的掌控。企业就失败了。这就是外在和内在的淬炼对于应对战争和企业中的恶劣环境至关重要的原因。正是外在和内在的锤炼让一个人度过了艰难的时光,从而到达另一个层级的新生活。

　　每当我对人们说起我妻子金和我曾经在一年的时间里无钱可花、无家可归时,人们总会问:"那你们是怎样生活的呀?"我们的回答是:"进行脑力的、情感的、身体的尤其是精神上的锤炼。那一年是对我们的灵魂、我们的信仰和我们取得成功的决心的考验。"

　　金和我都认为是上帝在考验我们的精神。一旦上帝,我们的造物主,或者任何你相信或不相信的那些超越我们的力量知道了我们绝不回头,那么"老天也会被你感动的"。

1985年是充满更多有关我们地狱般生活回忆的一年。我们睡在车里,借宿在朋友家的地下室。我们没有钱,没有工作,还经常没有饭吃。然而我们坚持着。慢慢地,我们把厄运变成了好运。我们做得越多,运气越好,更多的神奇机会和优秀的人才出现了。到了1994年,金和我实现了财务自由。

今天,我们偶尔还会有经历地狱般生活的时候。但是我们已经知道了这是我们需要经历的历练,增强四个方面的历练,这种历练能让我们走出和超越艰苦的局面。我们知道,在自己的生活改变前,我们首先需要改变自己。

我们仍然在工作,这已经不是为了钱,而是为了使命。金钱只是我们计分的方式。在我们现在从事的行当中,尤其是金钱让我们知道,我们是否在把我们宣扬的东西付诸实践。我们的财务报表告诉我们做得有多好或者多糟,就像一个高尔夫球手的得分反映了他或她练习得怎样。为了我们认为的最好的礼物,我们持续地工作。我们的使命是持续地送出我们的礼物。尽管我们获得的财富超越了我们最大胆的梦想,我们仍然继续考验着我们的脑力、情感、身体和精神,因为没了日常工作的挑战,我们会慢慢地变得虚弱。

每一天都是世界末日

在企业里,世界末日并不是你死时去见上帝的那一天,世界末日是你接触真实世界的每一天。例如，如果你浏览财务报表时，看到报表显示你破产了，那就是现实生活中的世界末日。如果你入不敷出，那就是世界末日。如果金钱滚滚而来，那也是世界末日。

你如何处理在世界末日得到的反馈取决于你自己。如果你不喜欢世界末日报告并且想要改变，你可能需要脑力、情感、身体和精神上的锤炼。

行动步骤

锻炼和开发你的领导力

1. 阅读关于训练和领导力这一课，讨论你从中学到了什么。

2. 详细回答你从四个基石的理论中学到了什么，训练是怎样影响人们的脑力、情感、身体和精神的。

3. 你有没有害怕说一些或做一些你知道对自己生活来说非常重要的东西？你的四个基石中哪个比较弱？

4. 在生活的哪个领域中你比较自律？在哪个领域中你需要更加自律？

说到训练，不同的人有不同的优势和弱点。例如，一个人热爱学习，于是，他在学习方面进行训练。然而，这个人可能会害怕犯错误，因而不能将其所学的东西应用于实践。

5. 外部训练是指借助有权威的人对你的生活施加压力和

限制。例如，如果你想变得更健康，你可以聘请一个健身教练；如果你想变得更富有，你可以聘请一个财务顾问。

自我训练就是当你取得了你想要的、依靠自己取得的成功，如果你发现自己想走向更高的水准，你可能需要聘请一个更严格的教练。为什么绝大多数职业运动员都有自己的教练？他们需要保持较高标准的表现和成绩。在企业和投资业方面也是这样。也就是说，非专业人士不需要教练，而专业运动员必须要有教练。

6. 讨论你生活中能够使用更多外部训练的领域。

7. 你想要达到什么样的生活水平？更具体地说，在健康、财富和幸福这些方面更高水准的生活是什么样的？例如，当你的收入大于支出的时候你愿意做什么？

8. 更多的训练怎样帮助你取得更高的生活水准？

9. 讨论拥有巨大自律能力的领导人和相反状态的领导人，他们各自的结果怎么样。例如，如果没有婚外性丑闻，美国前总统比尔·克林顿本该是一位伟大的领导人。再举出几位因为道德、伦理或者法律问题而下台的领导人的例子。

10. 道德、伦理和法律之间的区别是什么？在讨论这个问题之前，你可以用词典查查这几个词的精确定义。

本章小结

1971年，在佛罗里达的彭萨科拉我获得了翼形勋章，正式成为一名专业的军用飞机驾驶员。下一站是加利福尼亚的潘德尔顿军营——学习枪炮和火箭弹的使用，然后去越南战场。

当火箭弹和机关炮被装上我的飞机那天，我的生活又一次被改变了。坐在潘德尔顿军营的飞机跑道边，我知道在越南的某个地方，别的年轻人正在准备着战斗，那时我对训练的重要性产生了新看法。

在加利福尼亚的九个月里，训练比在佛罗里达的飞行学院里紧张多了。我从来没有经受过这样的压力，强烈的压力让我竭尽所能地做到最好。我需要更多的训练，因为我准备要去的地方不允许有第二名，也没有第二次机会。战场环境和运动场不是一回事。运动场上的失败者只是把他们的器材卷起来回家，而战场是杀人或被人杀的地方，失败者回不了家。

又一次地，高强度的训练把新飞行员的技能提高到一个新水平，而这是人类已知的最恶劣环境中生存所必需的技能。如今，我用训练的力量奋斗在企业界——人类已知的第二个充满了敌意的环境。

我相信，所有人都有巨大的潜能还未被开发出来。开发出新能量的一个关键的做法就是训练。通过调动脑力、身体、情感和精神，我们可以把存在于身上的魔力展现出来。

最后说一句，训练是最必要的事。而这可能是你所不愿意做的。

罗伯的报告

　　罗伯特经常谈起军事院校的纪律训练教育。我相信那是真的。军队需要纪律。你没有别的选择。在军队里如果没有纪律，你和你的同船水手将会遭受苦难。

　　这不仅仅是遭受苦难。军队的纪律约束着你，但正如我的一位长官让我意识到的，我正从"接受"到"遵守"纪律的心态中受益。

　　长官每天早上都要来我们的宿舍。所有人都起立，心惊胆寒地站着，不敢看他的眼睛，生怕什么问题被他看出来。他会在宿舍里走上一圈，然后站住，随意地面朝一个新兵。

　　"你为什么那样擦你的军靴？"长官问这个可怜的新兵。

　　"为了达到最好的光亮效果。"新兵回答说。

　　"为什么你要让你的军靴发亮？"

　　"嗯……为了尽可能好地代表美国海军的形象。"这个新兵提高了嗓门儿。他的回答同时也是在问：我的回答是否正确？

　　长官的脸上没有露出一丝笑意。

　　"为什么？"他持续地发问。这个新兵会以他能做到的最响亮的声音回答。而长官则问同样的问题，一遍又一遍。

　　最后，这个新兵的腿都快打弯了，他说："长官，因为如果我不这样做的话，我就会被罚去跑圈！"

　　听到这句话，这个长官才流露出让我们轻松的表情：他微笑了一下，然后离开了宿舍。

每天早上发生的这一幕持续了好几周。我们终于明白了长官每天想要听到的我们对他问题的回答是什么了："长官，因为如果我不这样做的话，我就会被罚去跑圈！"

直到有一天，我们的长官走进宿舍，要求候补水手佩里打开他的储物柜，里面装满了他的衣服、洗漱用品和家里寄来的信件。佩里按要求做了。

"为什么你柜子里的东西码放得这么整齐？"长官问道。

确实，每一件物品都整理得井井有条，甚至他女朋友的每一封来信都整齐地被塞回信封里，看起来是那么新以至于我怀疑他是否读过这些信件。

佩里是怎样回答的？你已经猜到了："长官，因为如果我不这样做的话，我就会被罚去跑圈！"

"这话不真实，候补水兵佩里。管理你的柜子没有规则可言。"

佩里的脸立时变白了。他不知道该说什么，汗珠子都渗了出来。

长官流露出同情的神情。"候补水手佩里，你有没有可能意识到这一点：纪律和组织性是值得欣赏的？有没有意识到这种纪律不仅可以把你训练成一个优秀的水手，还能让我们的生活更美好？"

长官凝视着佩里。当我们大家都等着佩里的回答时，我也开始思考这个问题。我能意识到这点吗？我认为这是真实的吗？是的。我看到了训练的价值。这正是我承诺要做的事。我过去没有意识到这点，但是现在变得很清楚了。我知道我会一直清扫宿舍，我会按照所受的训练叠放我的军装。在某处地方，我意识到了我的生活因为受过训练而变得更好，我接受训练不是因为我被迫这样做，而是因为我想要这样的训练。

罗伯·勒·康特

第六章

领导力课程第4讲：尊重的力量

狮子被称为丛林之王，因其强大的力量而闻名。它们的力量令人敬畏。尽管单只狮子已足够凶猛，但它们捕猎的时候却以狮群这种团队作战的组织形式，所以也被称为狮群的骄傲。

豹子也是令人敬畏的动物。它们之所以没有被称为"丛林之王"，很大程度上在于它们是孤独的捕食者，尽管它们行动隐秘，行事狡猾，走路悄然无声。

传统学校关注的焦点在于如何把学生变成很强的个体。学生们通过考试靠的是一己之力，合作在这里则被认为是"作弊"。学校强化这样一种观念：生活就是适者生存——最优秀的个体才能存活。较弱的学生被淘汰，被视作差生，不适宜攀爬权力的阶梯。达到最高等级的是那些在狗咬狗的世界里爬上顶端的孤独的个体。

传统院校注重把学生培养成为豹子。在大多数情况下，商界领袖选择的教育道路是将自己训练成狮子，成为通往成功的团队里通才型的领导人。

军事院校的教育开始于打破个体型的培养模式，重建学生的脑力、情感、身体和精神。然后，这些人被培训成为以一个团队为单位进行工作，成为服务于上帝和国家的人。

在军事学院，尤其是在我就读的商船学院和飞行学院里，学生们是很难把自己封闭起来不和其他人接触。在如此狭窄的住处，尊重对合作来说是非常重要的。在战斗中，尊重比等级更重要，这就是为什么在军事院校里尊重是一门十分重要的科目。

尊重对个人和组织的荣誉是必不可少的。军事院校着眼于把学生培养成狮群。

尊重是军事学院和海军陆战队里非常重要的主题。一进校门，我们立即被教导要尊重高年级同学，即使我们是同龄人——大多在17～21岁之间。

无礼也是重要的主题。对任何人无礼都是不能被宽恕的。无礼比违反纪律更严重，它几乎等同于犯罪。无礼的人会遭受到严厉的惩罚。我们被教育尊重高年级的、同年级的甚至低年级的同学。尽管学院里没有女同学，我们开设的课程里却有怎样做一名军官兼绅士，尤其是涉及怎样对待女性。我们甚至还有怎样才算是正确的就餐礼仪这样的课：正确的拿刀叉的方式、怎样敬酒，以及怎样保持一个活泼且温文有礼的就餐交谈方式。

尊重和无礼是难度很大的学科，尤其是对我们这些还有些青涩的男孩来说。作为一个年轻的男孩子，有时无礼似乎是一件很酷的事，对他人扮怪相和态度强硬更是超酷的举动，而对他人的尊重似乎意味着你很懦弱或者是一个拍马屁的人。尊重和无礼之间的斗争在飞行学院和海军陆战队中是一个很大的主题。

在战斗中，尊重和无礼这一课非常见效。在那样的环境中，对自己部属不尊重的军官经常会付出生命的代价，有些人就是被从背后射来的子弹打死的。在战场上，我明白了这样一个道理：一个海军陆战队士兵和一个海军上将同等重要。

当我1974年进入商界时，我被大量不尊重人却被容忍的现象震惊了。在公司里，我多次感觉到那些工作很不错的经理们却对他们的下属极为无礼。

我读过一些管理层抱怨他们的员工们缺乏对上级应有的尊重方面的文章。军事学院里教过这样的应用课：如果你想得到他人的尊重，你得先尊重他人。尊重他人，对不尊重人的现象保持敏感是军事学院教育内容中很重要的部分。尊重构建了自豪，而自豪对于狮子、人类和组织来说都是必不可少的。

尊重对领导者和领导力来说是不可或缺的重要品质。

ABC：总是关爱（Always Be Caring）

在销售的世界里，ABC代表着"永远闭嘴"（Always Be Closing）。换句话说，当你要求别人购买自己推销的产品时，意味着你是在制造他们的反对意见。

绝大多数人都经历过推销员的死缠软磨。大多数人都很讨厌这种推销方式。然而这一套死缠软磨却是推销员们在培训时所要求的。

尽管要求人们买东西是重要的，但大多数成功的推销员懂得，如果顾客知道你是站在他们的角度关心他们，结局就会是很轻松的。没有人会喜欢只考虑自己的佣金却不顾客户需求的推销员。

在军人的世界里，ABC代表着"总是关爱"（Always Be Caring）。如果士兵懂得上级的斥责是为了自己的利益、团队的利益和军队的使命，再刺耳的话语、再严厉的语气他也能接受。

在军队里，关心的规则是：

1. 使命；
2. 团队；
3. 个人。

在企业里，关心的规则通常是：这和我有什么关系？

反馈的力量

在军事学院里，我们被培训对他人给予的反馈做出反应。每天被告知你做错了什么会让你崩溃的，如果你让它影响到自己的话。严厉的批评很难接受，所以我们被训练懂得它的价值并接受它。学会接受严厉和刺耳的批评让我们变得更强，更有自信，更能快速地学习，避免不必要的个人攻击。我们学会了听取反馈而不做出情绪化的反应。我们被教导如何不让批评伤害别人的感情，而是用批评建设更强的脑力、身体和精神。

　　一旦我们学会了接受反馈，然后我们就知晓怎样给予反馈。从多方面来说，我发现给予反馈是更为困难的事。给人以反馈或者批评不是简单地朝着某人吼叫。我们必须学会以多种方式表达反馈意见。不管我们是否吼叫、嘲笑或者攻击，必须让对方知道我们关心他，关心团队和使命。缺乏关心，批评就会激发起愤怒，产生怨恨，被批评者就会朝领导者背后开黑枪。

　　我的一个指导员曾经说过："不管你是表扬还是批评，千万别忘了关心。在你批评的锋芒刺向某人时，你必须首先找到内心对伙伴的同情心，以此作为关心的桥梁，这是让沟通更顺畅的方式。"在我的从军和经商生涯中，这是我一直应用的一课。我相信正是这一课把我们全部机组成员从战争中带回了家。我相信正是这一课导致了我在商业上的成功。当我做推销员时，我努力记住"总是关爱"这一条。甚至当我炒掉某个员工时，我也要尽最大的努力以某种方式显示出我的同情心。

　　之所以在美国公司和校园里会发生那么多谋杀事件，我认为是因为彼此之间缺乏尊重和关爱,以及领导力方面存在问题。

在飞行学院和海军陆战队里,这个观点不断地被强化:领导者对他人的关爱应该超过对自己的关爱。

领导力是沟通的功能

下面这张图是 B-I 三角形,代表一家企业正常运营的 8 个要素,我认为其核心主要集中在沟通和领导力领域。

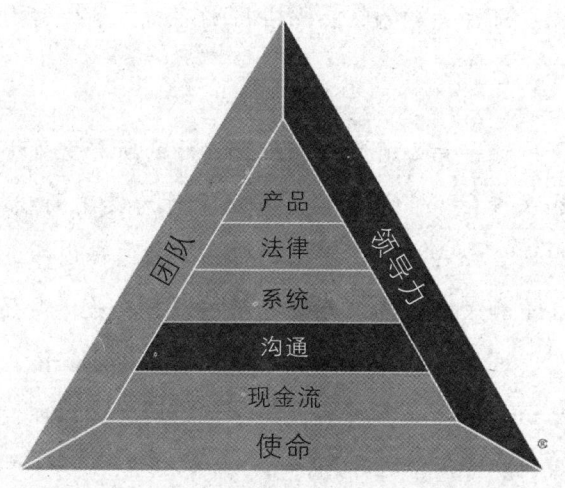

简单地说:"领导力是一种沟通能力。沟通力越强,领导者越优秀,组织越强大。"

实际上,整个 B-I 三角形都是关于沟通的。例如,律师到学校学习法律语言,系统工程师到学校学习工程方面的语言，会计师到学校去学习财务和现金流的语言，市场营销人员讲销售和营销的语言。这就是问题：B-I 三角形五种核心要素中，从产品到现金流，无不需要使用专业术语，市场营销不知道怎么讲会计师的语言，律师们不知道怎样讲产品设计人员的语言。对一家企业来说，为了生存和发展，所有 B-I 三角形五种核心要素之间必须学会沟通，这是领导角色的关键使命。

B-I 三角形的外部由三个要素组成，它们都对组织保持其形状和结构的完整性起着至关重要的作用。这三个重要元素是使命、领导力和团队。当进行沟通时，领导者有两个重要的任务，分别是：

1. 领导者必须坚持在组织内外的所有交流中尊重和关爱他人。没有尊重和关爱作为交流的载体，组织内就会存在较高水平的不满、愤怒和内斗。没有尊重和关爱，客户就会另寻一家去交易。再强调一下，这样做绝不意味着领导者需要甜言蜜语或花言巧语，而是要真实、诚挚、富于同情心，即使在他或她非常愤怒之时。

2. 领导者必须懂得五种核心要素的专业语言及有关使命、团队和领导力的语言。例如，领导者必须懂得市场营销的功能和语言，以及法律角色及其语言，等等。也就是说，领导者在很多方面都必领略知一二，并尊重别人所懂而自己不太懂的专业知识。

在大多数企业组织中，各个专业间总会有些不和谐的成分。例如，市场营销人员通常很难与法律人员沟通。这就是领导者需要在整个组织中加强以关爱和尊重为前提的沟通的原因，切莫偏爱某个专业而忽略别的专业。简单地说，领导者不需要什么事情都懂，只要他们尊重和关爱整个组织和在组织中工作的员工就行。

把财务、法律、系统或者营销方面的某个负责人提升到整个公司的领导层也会带来一个问题：这些人有偏爱自己专业的倾向，容易忽视其他专业领域的重要性。

我想在这里强调的最后一点是：领导者不必什么都懂，只要他们保持尊重和关心所有人的利益即可。领导者和企业家都是多面手，在他们周围的专家们会为团队带来精确、专业的知识和丰富的经验。

在商船学院学习期间，为了给自己的领导者角色做好准备，我们被要求了解有关轮船的一切。我必须了解机房舱，能够与工程师对话。在海上航行期间，我们被要求每天花费数小时实际驾驶轮船。这样，我们能够找到轮船是怎样运转和怎样在海洋上行驶的感觉。在港口的时候，学生们就要学习码头作业、加油，如何在外国港口补充食物和淡水，以及所涉国际法和装卸货物等方面的知识。

在4年时间里,我们的脑子被灌输进这样的观念:领导力是完成沟通的一项必备素质。在第一学年里,我们学习了莫尔斯电码,所以,我们能够借由闪光信号灯相互联系。我们还学习了旗语,通过手中的旗帜进行交流。我们还被要求通过船上悬挂的旗帜向外发布有关我们的情形和位置等信息。例如,红旗挂在桅杆上,表明我们遇到了危险,可能需要补充燃料。

当我走进飞行学院时,我发现教学过程竟然与商船学院相同。在被允许飞行前,我们必须了解自己所驾驶飞机的构造和需要在空中指挥飞机的机构及人员。作为飞行学员,我们必须学会怎样同无线电技师、机身修理机械师、发动机技师及火炮专家对话。领导力是关于语言和以尊重与关心的态度进行的沟通。如果我们想要让飞机保持正常飞行的话,关心和尊重对于飞行员来说特别重要。

团队和尊重

从入校第一天起,我们就被训练编队行进,随着口令,步伐一致。在战场上,我们被追逐时也要注意保持团队性撤退。如果我们中的哪一位不幸倒下了,我们就要尽可能地和倒下的战友待在一起。遗弃遭遇麻烦的战友是比犯罪还严重的事情,这是一种精神上的罪行,是违反军规的。

作为海军陆战队队员,我们必须知道在陆地上握着一支步枪是什么感觉。我们懂得陆地上的战友们正在经历着什么。我们知道他们的感受，这让我们这些在飞机上的人和陆地上的战友们更像是一个团队。

在战场上非常令人气馁的一件事是要求批准射击。在很多场合，作为飞行员，我们不能随便开火，必须呼叫中央控制中心同意才行。没什么比这更叫人揪心的了："看见敌人了！请求允许射击！"

回答的声音在另一端响起，就像上帝的声音："等一下。"

"等一下？"我尖声问道，"敌人正在跑动。他们五秒钟之内就会跑掉了！"

对方的回答是这样的："现在不能授予许可。等一等。"

很快，敌人消失了。他们又会多活一天，还可能会多一天去杀我们的人……而这仅仅是因为我必须得到开火的许可。

后来，我发现在某些任务中，要求开火的请求必须得到华盛顿的某些文职人员的同意。如今，我们的总统——比尔·克林顿、乔治·W. 布什和贝拉克·奥巴马都是没有军事经验的人，然而他们却有权力把年轻的男男女女派往战场。一想到这，我就感到堵心。

在公司里，我感到堵心的事是，会计师、律师、网络设计师，还有工程师们这些专业人员，没有一线的商业经历，却在会议室里做着种种决定。

今天，太多的来自政治、学术、商业和有宗教背景的领导人却在毫无经验的象牙塔里做着决定。太多的学术精英们忘记了实际工作是什么样的。他们的决定反映出自身缺乏真实世界的经验。

如今作为一家公司的领导人,我从没忘记一线的员工,我从没忘记我的工作就是使他们和我们的客户活着。

行动步骤

锻炼和开发你的领导力

1. 讨论狮子和豹子在性格特征上的差异,以及为什么狮子被称为"丛林之王"。
2. 为什么说 ABC(总是关爱)在沟通中很重要,即使是在愤怒的情况下?
3. 相对于豹子,为什么说尊重对狮群来说更重要?
4. 为什么说领导力是沟通技巧的必备素质?
5. 为什么军事院校注重培养学生对什么事情都了解一点,而传统院校却注重培养学生在很窄的范围内钻得很深?
6. 军事院校的教育和企业家的教育有什么相似的地方?
7. 你适合做狮子还是豹子?
8. 你怎样提高自己的沟通技能?
9. 你如何做到既善于沟通又富有关爱之心?
10. 当你对某人感到愤怒或者需要对其进行指导或建议时,你如何在进行交流之前表现出对他的关心?

在军事院校里，我们被灌输了要尊重别人的思想

1. 回忆某个时候，当某人对你表现出尊重时，你当时是怎样的感受？回忆某个时候，当某人对你表现出无礼时，你当时又是怎样的感受？

2. 回忆某个时候，当你对某人表现出尊重时，你自己是一种什么样的感受？回忆某个时候，当你对某人表现出无礼时，你自己又是什么样的感受？

3. 讨论一下尊重和无礼产生的能量。

（这句话的观点是，如果你对他人表现出足够的尊重，连太阳和月亮都会来到你身边。而如果你对他人无礼，这会使你付出代价的。）

4. 在公司里，一个无礼的人付出的代价是什么？一个尊重他人的人获得的回报是什么？

本章小结

在军事学院和海军陆战队里，我知道了尊重产生的难以置信的力量，以及无礼产生的令人恐惧的后果。

作为一个奔赴前线的飞机驾驶员，我对战友们怀有深深的敬意，同时也对我们的敌人怀有深深的敬意。我个人并不憎恨北越人或越共。我理解他们的抵抗为什么那么激烈，尽管美国拥有最先进的武器和技术。在我看来，我们输掉那场战争的原因之一，是因为我们的领导人不尊重敌人。他们远离前线，脱离现实，却自大又傲慢，不尊重敌人的精神意志。如今我们在中东正在做着同样的事。

罗伯的报告

尊重的力量是如此强大。在好几章里，我们都将讨论团结的问题。我认为，尊重是团结的基础，所以，它可能也是领导力的最重要的成分之一。

尊重是一种共生关系。你尊重某人然后与他建立联系吗？或者，你们分享了充满相互尊重的联系吗？我相信两者都是。尊重是流动的。

到现在为止，我们已经分享了一些关于优秀领导力的正面故事。军队创造了伟大的领导者，但即使在军队里，有的人得到了领导职位，有的人没有得到。当这种情况发生时，你会给予他们一视同仁的尊重吗？你会尊敬每一个职位吗，即使你瞧不上坐在那把椅子上的人？

作为一个平民，当涉及尊重某人的问题时，你有奢侈的选择权。但在军队里，你必须尊重职位，即使担任那个职位的人一点也引不起你的尊重。那就是军队被授予的基本结构，指挥链结构。指挥链需要得到尊重。不尊重更高阶的水手是一种会招致惩罚的冒犯行为。

我对人的尊重超过我对职位的尊重。所以当我遇到了一个我不想尊重的维修系统的军官时，我绝不会因为他的头衔而尊重他。我生活在一个自己尊重的单位里，所以出于对单位和对自己的尊重，我没有不尊重这个维修军官，我只是既没有显示出对他的尊重也没有显示出对他的不尊重。

我尊重选择过一种接受严格训练的生活。我尊重和我一样做出了同样选择和承诺的部队。因为生活里充满了尊重，我的行为保持不变，直到我被派往南极洲。我的飞行中队就像是一个大家庭，除了军队的规则外，我们还有自己的生活准则，我们互相照顾。我们不断地相互挑战，因为当某个人失败了，我们都要承担后果。在我们被派驻南极后的第三个月，原来的维修军官被重新分配去了一个新单位，接替他位置的是一个姓莫的人。我从他身上学到了一些教训。当军队里有一个糟糕的领导时，通常他会被发配到很远很远——不幸的是（在这种情况下），他被发配到了我们在南极的勤务地。

罗伯特说过："在军人世界里，ABC 代表永远关爱。即使面对刺耳和严厉的斥责，如果一个士兵知道这顿斥责是为了他和他的团队好，是为了使命的完成，他会做出正确的反应。"

在军队里，关心的顺序是：

1. 使命；
2. 团队；
3. 个人。

我的维修新长官，莫，除了自己的事情外，不关心其他任何事情。他厉声地下达一些非常危险、改变策略和过程的命令。在南极，做事的方式是非常特殊的，严寒的气候和危险的情况要求我们必须非常小心、非常讲究方法才行。而这位莫长官从不花时间和精力学习这些事情，下车伊始，他就下达充满危险的命令。

我不能违背他的命令。不幸的是，尊重不是礼物，它是靠自己的努力赢取的。而这个莫却没有赢得我的尊重。也许他在过去赢得过尊重，但是如果他依靠过去赢得的尊重来获取现在别人对他的尊重，那就有问题了。我坚定地认为，尊重不是通过一件事赢得的，而是通过一生的行为来获取的。

这个新长官莫，把使命、团队和我都置于了危险的境地。当时的情况真的是非常复杂，我把几个战友聚在一起，商量我们该怎么办。我们决定团结在一起保卫使命、团队和自己的生命，这比我们对处罚的恐惧还要重要得多。

我们做了正确的事。我们尊重一切值得尊重的事情。而我们的莫长官因为违反中队的规则，很快被冻伤了并被送回美国治疗，伤好后接受再训练。没有人——从来没有——想要"再训练"。

罗伯·勒·康特

第七章

领导力课程第5讲：速度的重要性

当你走进麦当劳餐厅向服务员点餐："我要一个巨无霸、一份麦乐鸡块、两份炸薯条，一个是小份，另一个是超大份。再来一大杯健怡可乐和一中杯普通可乐。"你希望等多长时间呢？两分钟？五分钟？十分钟？

如果需要等三十分钟，你会做什么？你有耐心等下去吗？你会抱怨吗？你会改去肯德基吗？

如果店员对你说："很抱歉，我们的炸薯条卖完了。你愿意改吃其他套餐吗？"你会做出何种反应？

在当今这个超快的世界里，领导者必须能够管理和掌握对组织速度的控制。

如今，做事慢吞吞的人和组织已经落伍了，并且很快就会被淘汰出局。

二战期间，德国潜艇发射的鱼雷击沉了数以百万吨计满载战争物资前往欧洲的商船。这迫使美国商船学院训练海军军官来驾驶商船，不是单独行驶，而是组成船队由美国海军军舰护航。可问题是，整个船队只能以其中最慢的船只的速度来行驶。

在商船学院里，领导力训练不仅涉及你这艘船的领导力，而且还涉及许多船只的有序和精准行驶。我们班配了个指导员，他曾经护航三批船队去欧洲，但是三次都失败了。他的船在二战中被鱼雷击中三次。护航在继续，但是他从海里被救起后回了美国。他说："没有什么比待在一艘快船上却只能慢吞吞地航行更叫人沮丧的了。因为我们只能随着最慢的船的速度航行。我恨因此而成为瓮中之鳖。我们想用较快的速度行驶，但是我们不得不保持和最慢的船同样的速度。"他继续说："我现在还不时做噩梦，一枚鱼雷击中了我所在船的一侧，跟着是死一般的沉寂，然后就爆炸了。"他是我们最好和最有趣的指导老师。通过他，我们获得了对组织速度重要性的尊重。

以通用汽车为例。多年来，它一直是世界上最大的汽车制造商。但是如今它排在哪里？由于公司和工会的领导人未能随着变化的世界及时做出调整，因此在这个快节奏、总是变化的世界里，公司经历着破产、救助、跟跄着跟上趟、保持赢利的命运。以人员损失和财务损失来衡量，代价是惨痛的。正如人们所说："你打盹，你输了。"

四种组织速度

军队和企业的领导人需要控制四种不同类型的组织速度：

1. 角速度;

2. 流程速度;

3. 口袋速度;

4. 渐变速度。

下面是对每一种速度的简单解释。我通过你可以做的一些体育锻炼来解释，以便帮助你更好地理解每一种速度的内涵。

角速度

绕太阳运行的地球就是角速度的一个例子。没有角速度，地球就会停止旋转，并坠入太阳中。

练习：有五个步骤可以体会身体的角速度。

步骤1：找一段绳子，把一个重物（诸如垫圈）系在绳子的一头，如下图所示。

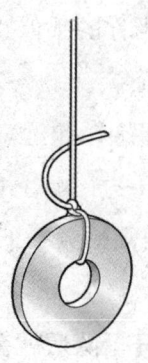

步骤2：握住绳子的中段，并旋转垫圈。

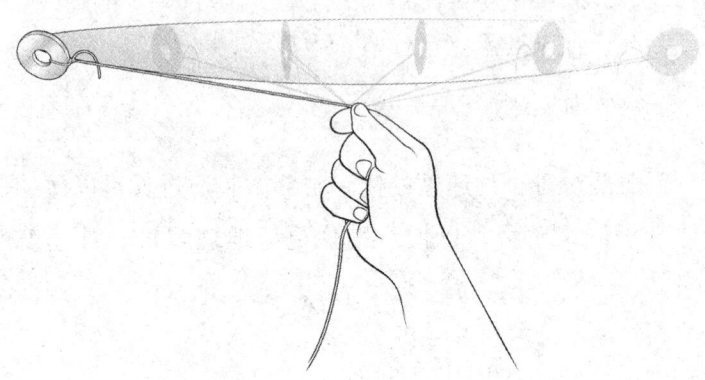

步骤3：一旦垫圈旋转到离你手指的最大距离，放松你的手，让手旋转。

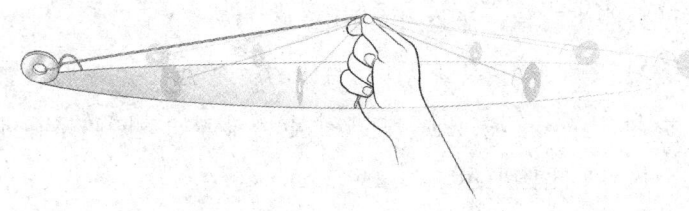

你可能会注意到，当你的手停止旋转的时候，垫圈就会下降，并且离你的手更近了。

步骤4：为了让垫圈旋转和远离你的手，你的手必须至少旋出一个弧线，并按照一个频率（高速）进行旋转。

步骤5：随着手在较高的频率下以较小的弧线开始旋转，垫圈的弧线可以逐渐扩大。

为什么那么多人离开军队后就会变得心宽体胖？原因在

于他们身体的"旋转"慢下来了。他们失速了。

角速度练习的要点

要点：如果一个组织的核心是草率行事且虚弱不堪的，那这个组织是不可能发展壮大的。在军队里，如果前线的部队不能坚持住，那么前线就会崩溃，敌人就会取胜。在企业中，如果 B-I 三角形中的 8 个要素是虚弱的，整个企业就是虚弱的，难以成活。就像护航船队中最慢的船，企业 B-I 三角形中最虚弱的部分可能引发整家企业的死亡。

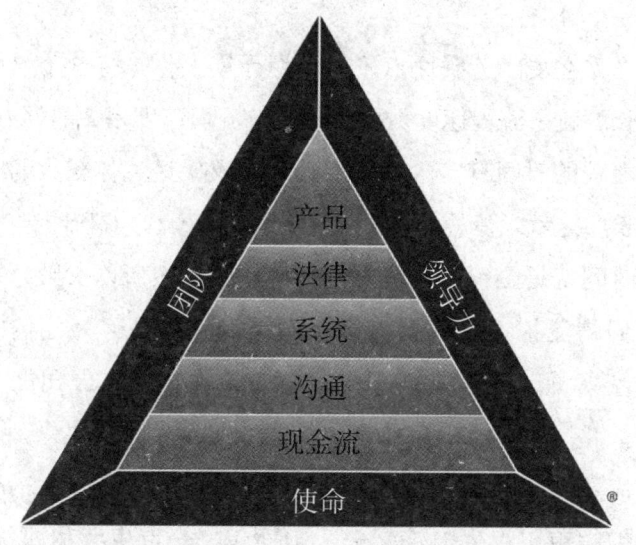

如果一家企业的 B-I 三角形是虚弱的、草率的，或者没有强有力的控制和沟通，这个组织就不可能成长壮大。

内部控制和强有力的内部合作是在一家企业能够壮大前的 B-I 三角形训练（企业的 8 个完整性训练）中必不可少的。麦当劳能够成长为全球性组织，是因为它具有很强的内部商业核心要素和卓越的领导力。

大多数小企业做不大，是因为这些企业主仅仅只有核心部件。为了成长，一家小企业的领导者必须围绕 B-I 三角形建设团队，使自己成为能够保持企业核心强大、团队和谐工作的领导人。

流程速度

当你在麦当劳餐厅点了一个巨无霸，你等待这个汉堡的时间长度就是流程速度。要记住，与流程速度相关的要点是：这个流程的时间有多久？你点的那个汉堡送达你餐桌的时间是多长？这就是流程速度的例子。

时间就是金钱。在商业界，许多公司之所以失败，是因为它们的流程速度太慢。许多人被淘汰，是因为他们的流程速度太慢。流程越慢，就有越多的资金趴在公司账上睡大觉。

练习：戴上手表（看手机也行）以记录时间。然后驾车去当地超市买点牛肉馅、一个圆面包、一点生菜和西红柿。驾车回到家里后，把牛肉做成肉饼烤熟，然后把它和生菜、切成片的西红柿一起夹在圆面包里。做完后收拾残局。

问题：

- 这个过程用了多长时间？
- 购买这些配料花了多少钱？
- 如果你的时薪是 10 美元，这个时间过程价值几何？
- 花在制作一个汉堡包上的交通成本和收拾清理厨房用具上的劳务价值有多高？
- 总成本有多高？这个过程的时间有多长？

绝大多数人都能够制作出比麦当劳更好吃的汉堡，但是没什么人能够建立起一套比它更好的运作流程，在世界范围内能够提供每周 7 天每天 24 小时服务的流程，每天生产或销售出数以百万计的汉堡、可乐和炸薯条。这就是流程速度的例子。

对于我们大多数人来说，一旦等餐的时间超过 5 分钟，我们就会觉得自己点的"快餐"名不副实，就会选择去别的餐馆。这就是为什么作为个人和组织的流程速度是领导力的重要组成部分。

口袋速度

口袋速度是在一定时间和空间内完成目标的能力。

练习：找一张台球桌。把一个球放在台球桌的中间，然后尝试把它击打进角上的口袋内。如果击球时的位置太偏左，会碰不着球。如果击球时的位置太偏右，也会打不着球。力度太大，打出的球虽然冲着球袋去了，但却弹回来了。力度太小，打出的球会停在离球袋咫尺之间的位置上。

在海军的训练中，军官们经常被训练如何操作自己驾驶的军舰，同时还让自己的船只与舰队保持一致。舰队领导者的目的是让他们的军舰、官兵、舰载机和火炮在未来某个时点做好战斗准备。

在企业里，领导者专注于协调人员、时间、资金和资源与未来的项目所匹配。例如，一家公司准备在半年后举办一场有1000人参加的研讨会。领导者必须很快地协调B-I三角形中的每一个要素来促成未来6个月后即将举行的活动。如果协调得太迟，公司会失去目标。如果公司没有花足够的时间、资金、人员和资源来跟进这个项目，届时与会者就不会有上千人。如果项目计划执行不力，原定的与会人员可能将参加一场无序、混乱、劣质的会议。这就是企业里口袋速度的例子。

渐变速度

一个人学习的速度有多快就是有关渐变速度的例子。例如，一个幼儿学会走路的时间有多长？从学会走路到可以跑上一英里，这之间用了多长时间？

不同的人以不同的速度学习和适应事物。以学科而言，不同的人以不同的速度学习不同的学科。控制这些速度是领导力的重要组成部分。

练习：学习刷牙。如果你习惯于使用右手，请改用你的左手练习刷牙。把你用左手刷牙练习到和右手一样熟练的过程，你用了多长时间？这个练习便是让你了解渐变速度的例子。领导者们必须警惕渐变速度，这不仅是个人问题，也是整个组织的问题。

整合四个速度

领导者必须本能地意识到这四种速度是在同时运行的。花点时间思考一下，麦当劳把餐厅开到全世界去，这该是多么不可思议的组织工作啊！这是角速度的一个实例，需要强大的核心竞争力、强大的 B-I 三角形 8 要素。

然后，想一想你点餐后，用了多长时间麦当劳就把你要的汉堡、炸薯条和饮料送到你手上的。这就是流程速度的实例。

再回头想想，在时间和距离上的协调从多久之前就开始了，以便汉堡、炸薯条和饮料尽快供客人享用。换句话说，把牛肉和圆面包送到店里需要多少时间？这就是口袋速度的一个实例。

现在想一下，训练一个特许经营人、管理团队和员工去运行一家卓有效率的麦当劳餐厅要花多长时间？这就是渐变速度的一个实例。渐变速度不仅包括人们的学习速度有多快，还关乎教师的教学效果。

高效的领导人不断地改进其在监督和控制这四个速度上的技能。

1972 年年末，北越军队突破了将北越和南越隔离开来的非军事区。我们都明白，如果不加以制止，北越军队迟早会打进西贡，赢得那场战争。

美国军队组织了联合作战行动，这是阻止北越军队的最后手段。联合行动需要协调空军、海军、陆军和海军陆战队。攻击行动开始的那天，空军出动 B-52 轰炸机向指定区域扔下了数以吨计的炸弹。当这些炸弹被投下时，海军的军舰对这些地区进行了炮击。轰炸和炮击后，陆军和海军陆战队的直升机便搭载着南越陆军部队和海军陆战队军人前往交火地区着陆。这场联合行动就是一场灾难。

首先，空军、海军、陆军和海军陆战队的领导人没有聚在一起商量行动计划。角速度受到了危害。其次，空军和海军的大炮迷失了他们的目标。流程速度和口袋速度受到影响。当陆军和海军陆战队的直升机进入这个区域后，有人看错了地图，因此不是在指定的地方降落，而是在北越军队的指挥部降落了！而这却是对方重兵布防的区域。16架直升机被击毁，60名南越军队士兵在飞机坠毁和燃烧中失去了性命。渐变速度减慢了。北越军队已经战斗多年，他们的战斗经验丰富，准备充分。而对大多数美国士兵而言，我们是刚到战场的新兵，看来是回不了家了。

行动步骤

锻炼和开发你的领导力

1. 讨论四个速度：角速度、流程速度、口袋速度和渐变速度。

2. 它们在企业和生活中有多重要？

3. 如果不能控制这四个速度，对个人和组织来说会产生什么结果？

4. 当大家的工作效率都很高，而一些人却很低，这会对组织造成什么结果？

5. 速度怎样影响盈利？

6. 说到四个速度，为什么小夫妻汉堡店很难与麦当劳店竞争呢？

7. 即使夫妻汉堡店的员工努力工作，即使夫妻店做出的汉堡包更好吃，为什么麦当劳仍然能够在财务上击败他们？

计划练习

1. 筹划一个未来项目。如果你是某家现金流俱乐部的领导，筹划一个特别项目。

2. 记账。这让工作变得更辛苦，但也更好。

3. 准备市场营销和促销的计划。这一练习集中体现了你的沟通能力。

4. 组织一个团队来执行这个项目。

5. 让你的项目登场。

6. 如果你的项目已经实施，和你的团队一起研究项目。

7. 在研究中，讨论四个速度。

  a. 角速度：团队运行得怎么样？领导力有多大效用？内部沟通得有多顺畅？任务有多明确？

  b. 流程速度：团队、任务和进程同步得怎样？哪些地方可以被改进？人们对邀请和广告做何反应？与潜在客户的沟通是否明确？

  c. 口袋速度：目标有多明确？整个项目进展速度怎样？对项目开展有足够的支持吗？实施效果是

好还是坏?

　　d. 渐变速度：团队的经验足以让项目取得成功吗？还缺乏哪些经验？已经取得了哪些经验教训？如何才能使下一次活动更成功？

附加练习：如果你不想实际地展开此项目，讨论一下为什么。可能你还没准备好做一个领导者。可能你想降低渐变速度，毕竟作为一个团队成员，可以从事较少的项目。记住，领导力是一个可习得的技能，所以军队投资数年时间来培育自己的领导者。而你的领导力学习水平取决于你寻找自己渐变速度的水平。

当讨论你不想承担某个领导角色的理由时，回顾一下领导力第3讲中关于训练的内容。当你害怕或犹豫时，记住四个基石。

它们是：

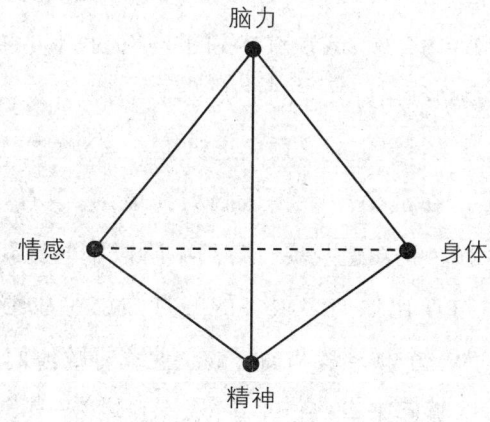

如果你犹豫不决或者干脆拒绝做练习，那测测你的领导力水平，问问自己的压力何在。是脑力（没有经验）？情感（控制不了怀疑和恐惧）？身体（时间不允许）？还是精神（根本就是你在生活中不愿意做这事）？

本章小结

我不喜欢传统学校的一个原因是，它们因为学生犯错便施加惩罚。如果人们不犯错，他们如何学习并成长？每个人都有通过犯错积累经验、教训的学习机会。

在军事院校里，我们有着很严格的学术要求，也被要求将我们所学的内容付诸行动。如果我们不愿意犯错误，并从错误中学习，我们将学不到如何去领导他人，如何驾驶商船，或者如何开飞机。没有人生下来就会走路，会交谈，或者会骑自行车。如果想学习，我们必须要实践，敢于犯错误。我不是生来就是领导者，我必须试着领导我的同学。我不是生来就是商船领导者，我必须用好几年的工夫练习驾驶商船远离大陆。我不是生来就是飞行员，我必须爬进机舱去学习怎样飞行。

1972年，在战争中，我从脑力、情感、身体和精神上都超越了自我。我知道我要打败高中阶段那些比我聪明的同学，我要通过挣比他们多很多的钱打败那些成绩比我好的人，我要作为一个领导者和商界的企业家打败他们。

我知道这听起来有些傻乎乎的，有些孩子气。但是我憎恨在学校时被贴上愚蠢和无能的标签。我恨自己不酷，没有女生青睐。当我第一次为战斗使命而飞行时，我发现了一个可以打败我高中同学的途径——那些总是在学习方面得Ａ的人，即那些Ａ等生们，那些"最可能成功的人"，以及舞会上的"国王"和"王后"。打败他们的途径就是去他们不敢去的地方，做他们害怕做的事。做这样的事，我需要开发我在脑力、情感、身体和精神方面的力量。这些力量可以让我做大多数人不敢做的事。

所以，对那些不想通过简单事情来测试自己领导力的人来说，无论什么原因，他们可能会失掉千载难逢的人生机会。生活是为了个人的成长而不断接受新的挑战。不幸的是，对大多数人而言，生活就是安全、稳定和周末休息。这就是做领导的人和做员工的人的差别之处。当他们玩人生游戏的时候，他们奉行的是"别输"的玩法，而不是放下一切、豁出一切去争取"赢"的结局。

罗伯的报告

这章对我来说有很多意义。这里的教训是你只能在自己最薄弱的环节上变强。罗伯特谈到的是在军队或者企业里存在薄弱环节所造成的后果。那是很艰难的局面。当他或她识别出薄弱环节时，作为领导者应该做些什么？

我是个领导者。这意味着我有一个团队，意味着部属们跟随着我。如果一个团队成员做出了伤害团队利益的事，我会怎么做呢？对这个问题没有一个标准的正确答案，得根据实际情况具体分析。但作为一个强大、团结一致的团队中的一员，我学到了一些方法。

有时候，一个团结一致的团队并非总是能赢。这听起来有点怪，是不是？团结一致是取胜的主要因素，但还有其他一些影响成败的要素。我谈到的这个要素便是：分派合适的人去做最适合他们的事。

我前面提到过我在南极团队的事。能够和那些优秀的水手在一起工作，是我真正的荣幸。我们聚集在一起，整天——不，每天都做得十二分的好。我们狂喜地记录着飞行时数，我们拥有无可挑剔的安全记录，我们做的总是比我们接到的命令领先一步！

我为那个团队感到自豪。我们像个大家庭。我们团结一心。可在开始的时候，我们很慢。刚开始在一起工作时，我们常常因为机械故障而饱受折磨。幸运的是，有些事情让我们走得更近：我们都对自己的工作怀有极大的尊重，我们全都受过做好本职工作的良好训练。但是我们中的一些人正在履行的职能并非最大限度地发挥自身的优势。

我们彼此无话不谈。我们被鼓励并能够在相互间坦诚相待。这种沟通的自由和真诚以待导致我们取得成功。作为领导者，我召开了一次团队会议。我要求团队成员评估自己的成绩和满意度。团队验证了数字显示的内容。我们有四个成员的工作与其职责不相称。

其中有两个高级机械师比团队其他人的工作更缺乏效率。他们想要工作得更快些，并竭尽所能，但那真不是他们的天赋。与此同时，我们的两个质检员对工作感到厌烦。他们从不愿意抱怨，但是作为一个团队，聚在一起时大家必须讲实话。解决的办法很简单：拥有很多专业知识的机械师承担质检工作，对自己工作感到"厌烦"的质检员转做一些实践性强的工作。

绩效的上升几乎在一夜之间就显现出来了。当你拥有一批高水准团队成员时，窍门不是消除他们的短处，而是找到他们的长处。尊重使命第一、团队第二和个人第三的原则，使得我们有可能进行真诚对话，并把我们带到更高的水平。

但那并不是我们可以止步的地方，我们想要变得更好，我们开始每周进行类似的坦诚谈话，每周我们都会找出最薄弱的环节——或者说连接点。我们这样做不是为了打击谁或者为了让他们感觉难堪，而是为了教育他们。我们会分享其他团队成员学到的技巧，让彼此变得更好。

有一周轮到大家向我反馈意见了。每当处理保险丝紧固件时，我总是有些慢。类似的修理工作很多，而且还非常重要，因为它是固定重要部件——防止它们松动和脱落的定位螺栓。不用说，在一名水手给我做了一些指导并亲自进行操作后，我的这项技术成了他们中最好的。我变得更好了。我必须以谦虚的态度接受反馈。我这样做了，结果是我在这项技术上变得更强了。事实是，接受反馈很容易，难的是正确地给予反馈。创造出安全的氛围，让诚实的反馈可以被接受，甚至受到赞许，这是领导者的一项必修课。

罗伯·勒·康特

第八章

领导力课程第6讲：联合能赢，分散能胜

提问：为什么大企业能变得更大？

回答：因为它们懂得联合。

提问：为什么小企业老也做不大？

回答：因为它们不懂如何联合。

在军事院校里，学生们被灌输"联合能赢，分散能胜"的观念。这并不意味着一个方面比另一个方面更重要，一个军官必须知道什么时候集中、什么时候分散。每一次具体行动都需要一套不同的战略。在多数军事行动中，军队需要集中足够大的力量以能够分割敌人。这就是为什么二战中"盟军"这个词如此重要。美国必须联合其他的盟国力量，以击败德国、日本和意大利。在伊拉克战争期间，"多国部队"这个词是联合多国的军事力量对付伊拉克的意思。

在传统的学校里，学生们被教导接受分散取胜的观念。从入校的第一天起，学生们就互为竞争对手。测验是针对个体的，因为学校的教育体制是寻找聪明学生，并把他们和较弱的学生相区分。这个过程将持续到那些被这种教育体制认

定为"最聪明的人"进入到最好的学校为止。

从进入军事学院的第一天起,我们就被教导"如何团结他人"。我们被教导团结他人是领导力最本质的能力。尽管我们也像传统院校一样考试、给予评分,但是,学校的努力是放在我们的领导力培养上:让我们做一个知道什么时候联合、什么时候分散的领导者。

从进入军事学院的第一天起,我们就穿着统一的制服,步调一致地行走。个人的身份被隐去。我们被告知,我们的身份是一个集体,而不是单独的某个人。这就是为什么在军队里都是用所在的部队来表明自己的身份,诸如游骑兵部队、海豹突击队,或者海军侦察兵部队。

在飞行学院里,这个培养过程仍在持续。在那里,我们穿着统一的飞行套装。唯一不同的地方是我们的姓名、等级和部队番号。飞行时,我们是以编队飞行,很少有单独飞行的情况。战斗时,我们是以团队的形式作战。虽然作为个体我们各自都很强大,但是我们知道,只有作为一个统一的力量、作为一个团队参战,我们才具有更强大的力量。

一个狗咬狗的世界

当大多数学生进入商界,他们如同从传统院校的世界进入一个狗咬狗的天地里。

他们在工作上竞争,就如同他们在学校里时学习上的竞争一样。他们想要个人杰出,而不是想让集体杰出。在他们的脑子里,如果他们变得优秀了,就会有很好的升职和加薪的机会。而如果你的工作伙伴强大后会成为你的竞争对手时,那为什么要帮助他们进步呢?

看看下面这张现金流象限图吧。

许多雇员从 E 象限迁移到了 S 象限中。他们自己做生意。他们想按照自己的方式来做事。他们想做得不同凡响。他们想要个体的自由。绝大多数 S 象限里的人始终维持着小规模的生意状态,很少有人能迁移到 B 象限中去,仅仅是因为他们只懂得如何分散做事,而不懂得如何联合做事。

联合他人一起做事需要领导力技能。联合他人意味着:要求他人加入一个较大的集体,关注一个较高目标的事业,通常需要克服个人主义、妄自尊大和自以为是。让人们在牺牲自我重要性的情况下以团队的形式工作,这通常是领导者面临的最艰难的管理工作,特别是领导者也需要表现自我重要性时。

领导力技能对于B象限中的领导者是必不可少的。B象限中的公司能够成长，因为这样的公司是在整个系统的推动下发展壮大的，而不是仅仅靠几个专业人才。

即使我独自飞在天上，我也知道我不是靠自己在飞行。我之所以能高飞远行，是因为我背后有一个庞大的组织系统支撑着我。

在商船学院时，我们被教导按照"金斯波因特方式"（该学院所在地）做事。如果按照你个人的方式去做事，通常会导致严重的违纪行为。从第一天起，我们就被教导要尊重组织的行为方式。

作为年轻的军官，我们被训练认真对待精确的重复动作。重复赋予团队强大的力量，尤其是在战斗状态下。例如，当我们敬礼时，每次敬礼的动作必须同样精确。当我们飞行时，我们全都以同样的方式飞。精确的重复使组织作为一个团队得以运作。任何按照自己的方式行事的人无异于在把组织置于危险之中。个人行为如果不能被认为具有行事的精确性，以及与团队行为的同步性，他便是一个添麻烦的人。如果某个人非要按照自己的方式行事，我们只能请他离开。战场上出现这样的个人会导致同伴丢掉性命。在企业里，我遇到过很多这样的人。他们抱着"我想以我的方式做事"的工作态度。他们不尊重组织的运作方式，经常在组织中制造不和谐的氛围。他们和大家不同步。

我在军事学院和海军陆战队得到的最大收获是被训练学习以"他们的方式"做事。为了做到这一点，我必须把自己的骄傲和个性收敛起来，这样我就能作为较大团队的一分子为更高目的服务。在现今的企业里，面对那些想要像明星一样在企业里辉耀他人的人，那些只知道怎样分散却不知怎样合作做事的人，我如今感受到了当初军队的训练赋予我的领先于他们的优势。

多亏我接受的军事训练，我对我的组织及其仪式满怀尊重。例如，当我走进一座教堂，我非常注意尊重教堂神职人员的行为方式和宗教仪式。忽略任何事都是极其冒犯的。我知道仪式的重要性，并且理解仪式有团结和分裂的力量。有很强仪式感的公司比那些完全没有仪式感的公司要强大。

在军队里，我们被训练向比自己级别更高的军官敬礼，并大声说："是的，长官！"还被训练当国旗升降时立正和敬礼。如果违反了这些仪式，将会被视为对自己服务的国家的大不敬。

所以，当某个人来到我的公司工作却想要按照他自己的方式行事，不尊重公司的行为方式和仪式时，我通常让他们带着自己的行为方式离开。如果一个人不懂得尊重他人和尊重仪式的重要性，那么他可能得不到我或者我的团队的尊重。

如我们前面讲到的，尊重把人们捆绑在了一起。不尊重会让人们彼此疏远，或产生隔阂。不幸的是，我见过很多人，学校没有教他们明白尊重和无礼的区别。

连接的力量

所有人最大的需要之一就是连通性。所以，这就是手机是如此强劲的工具的原因，并蕴藏着巨大的商机。宗教、体育团队和政党也是如此。这就是企业想要打造与特定人群相关联的品牌的原因。

卓越的领导者具有连接人们的力量。卓越的领导者是榜样。他们用榜样的力量鼓舞他人，让他们感到自己是某个比自身更重要的事物（组织/团队）的一分子。领导人拥有的连接力量越强大，团队拥有的力量也越大。领导者的力量越强大，对抗的力量就越小，持反对意见的人也越少。这就是为什么领导者需要在法律、伦理和道德方面加强自身建设，与他们的使命一致，与他们所代表的东西相符。如果这种一致性被破坏，与他带领团队的连接性也就被破坏了。看看伯尼·麦道夫——600亿美元的庞氏骗局的头儿——的结局吧。那些曾经热爱他、信任他，并投入自己终生积蓄的人们，现在极度地轻蔑他、鄙视他。

具有讽刺性的是，一致性在罪犯们的世界里也非常重要。也就是说，如果你想做一个骗子，你最好做个真正的骗子。在歹徒们的世界里，也是有"法规"的……虽然是他们自己的"法规"和他们自己的"公平"。

军队有一整套的规则和条例。在那里，规章制度既有团结又有分裂的属性。如果你遵守规则，你就被连接；如果你破坏了规则，你就会被隔绝，从你所在的团队被分离出去。

在军队里，更高层面的一套"法律"便是荣誉准则。荣誉准则是一条精神纽带。作为海军陆战队队员，我们遵循了一套严格的荣誉准则。下面便是这套荣誉准则的要点：

1. 我会战斗，抗拒被俘。
2. 如果被俘，我只会告知我的姓名、等级和序号。
3. 我不会讲出任何可能会被敌人利用的信息。
4. 我不会在危难时刻遗弃我的战友。
5. 我做好了为了让其他人活下去而献出自己生命的准备。

在企业里，我有一套个人的荣誉准则：

1. 我工作首先是为了我的客户和员工。
2. 员工的福利和我自己的福利同等重要。
3. 我要可靠地管理我的资金。
4. 在负债前先获得资产。
5. 如果我想要获取更多，那我首先要付出更多。

荣誉准则在精神层面将人们团结在一起。任何承诺要遵守荣誉准则的人违反了它，必将受到处理。如果有人不愿意遵守这些规则，那么在这种情况下他或她应该离开组织。荣誉准则又将人们划分开来。

行动步骤

锻炼和开发你的领导力

1. 讨论团结他人和离间他人的区别。
2. 讨论使人们团结的方法。讨论使人们分裂的情况。
3. 为什么说那些按照"自己的方法"行事的人很难成为领导者?
4. 讨论规则的重要性,制定明确的规则,遵守规则。如果规则被破坏,要对破坏规则者进行处理。
5. 如果有人不愿意遵守组织规则,作为领导者该怎么做?
6. 为什么对于 B 象限里的公司来说,领导者、规章制度和仪式都是非常重要的?
7. 你遵从的仪式有哪些?如果你去教堂,在教堂里做哪些有仪式感的事情?仪式怎样让人们保持一致?仪式怎样将人们区分开来?
8. 什么是连通性?说出那些有连通性的人。说出那些没有连通性的人。
9. 什么是荣誉准则?什么是精神荣誉准则?
10. 荣誉准则怎样使人们统一?怎样使人们分裂?

本章小结

军事院校的第一个目标就是要戒除我们的旧习惯。他们是通过奖励和惩罚双管齐下来做到的。例如，如果某人有迟到的坏毛病，后果是很严重的。如果学员拒绝改掉这个坏毛病，仍然迟到，他将会被开除出校。

从入校第一天起，我们就被按照学院而不是自己的行为方式来培养。我们是被培养成为领导者，知道如何综合运用团结和分裂方法的领导者。我们被训练练习这两种技能，因为这两种技能都很有力量。至今我还在使用这两种技能。这就是我拥有 B 象限里的公司的原因，这就是富爸爸公司能成为一个世界性品牌的原因。富爸爸公司联合了那些想要财务自由超过想要工作稳定的人、想要投资超过想要赌博的人、想要成为企业家超过想要当员工的人。

罗伯的报告

在本书前面，我曾告诉过你我被要求找一个伙伴跟随我绕着军营跑步。当我尝试贿赂一个战友随我跑步时，我失败了。

在我的长官和我做了一次简单的交谈后，我再一次做了尝试。我走到连队战友跟前，不再贿赂谁，而是把这个团队当作一个大家庭来看待。在承认自己犯浑的事实基础上，我开始了和他们的谈话："我犯了错误。如果你们犯了错误，我将帮助你们承担后果。即使你们这次不帮助我，我也会帮助你们的。我喜欢这个团队。我想要大家彼此团结一致，并互相关照。我会帮助你们的。这次是否帮助我，你们自己决定吧。"

我想要团结我的团队。我用眼光扫了一下每个人，试着设身处地地理解他们。他们想听的是什么？我知道自己内心深处有对一个团队、一个大家庭的归属感，那就是我提出给他们的东西：我会待在你们身边，我要保证团队的团结。

奏效了！班里的每一个战友都要跟着我跑步。我们以一个整体共同面对我的处罚。他们可以不必和我共同忍受我的伤痛，他们本可以自己转身离去，留我一个人在现场。但是他们没有那么做。他们想要感受到团结的力量，他们愿意第一次为战友付出牺牲。

那天我学到了很多。我知道了归属感的吸引力，知道了我以前不明白的"团结就是力量"的道理。

那场教训发生的5年后，我所在部队被派往南极。气候的寒冷没法形容，可是我们的中队非常团结，大家行动一致，我们总能明白其他人在想什么。

我们舰队分成若干团队玩垒球。小小地提示一下：当气温在零摄氏度以下时，垒球一点也不软[①]。

即使我们强调团队作战，但我们仍然可以拥有一个杰出的球员。我们拥有莫里森。这家伙很擅长击球、投掷和接球，就像职业运动员一样。整个中队的人都不断地跟他讲，一旦这一站的任务完成后，他可以去试试职业球员。尽管我们的团队很优秀，也很团结，但我们知道我们队的成功很大程度

---

① softball，意为垒球，字面意思为"软球"。——译者注

上要归功于莫里森。

正如你可能已经预料到的,我们队的连胜势头没能持续下去,因为莫里森收到了一封来自女友的绝交信。他彻底崩溃了。战友间关系是亲密的。我们试着安慰和劝说他,试着把他的痛苦看作是整个团队的。但是没什么用,莫里森晕厥了。我们做了所能做的一切努力去帮助他。我们为他的机械师工作补上疏漏。我们同他一起干活儿,他做完的活儿我们都要检查一遍。虽然增加了额外的工作,但是作为一个统一的团队,这样做是值得的、很棒的。

在垒球场上,莫里森不再全神贯注了。作为一个团队,我们完全不同步了。我们突然不灵了。作为海军的机械师,一个人不行了,我们有很多人可以替补;而在运动场上,每一个人都有自己的职责。当一个团队成员破坏了统一性,这个局面就糟糕了。我们所有人都把关注点放在一个错误的地方,没有人可以把老出错的莫里森换下来。

我们开始输球了。大家一起检讨,重新集中了大家的注意力,除了莫里森以外。但我们还是持续地输球。随后莫里森却开始好转了。他把他的愤怒、所受到的伤害全都发泄在了击球上,开始打出他以前都没有打出过的好球!但是他的防守仍然和我们大家不同步。他扔出的球太猛,他的打法太有攻击性。我们不一致了。我们又持续地输球。

这种情况没有持续太久,因为我们的维修主任看出了莫里森的反常。尽管我们竭力保护他,但是当一个团结的集体出现这样的表现，在场外观战的人很容易就发现问题了。莫里森被送离军舰去接受心理帮助。我们的团队重新团结一致起来，我们又开始赢球了。结果证明，因为莫里森我们输球，他不在了，我们却赢下了所有我们出场的球。我们赢了，但是这个胜利的意义却是不一样的。

  这实际上是一个痛苦的故事。虽然它的结果是团结赢球，分开也赢了球，但对我而言，更重要的教训是要保护那种团结。团结的局面不是天然的，需要维护。我经常回想当初我们能够怎样保护莫里森。然而我再也不会把团结当成自然而然的了。我在家庭和工作岗位都为团结而努力，我认为这是取胜最重要的因素。

罗伯·勒·康特

第九章

领导力课程第7讲：领导者要善为人师

想一想你所热爱的老师。他们做了什么让你铭记？他们激励了你吗？他们尊重你吗？他们有没有调动出你身上最好的一面？

是哪个老师激励你成为优秀学生的？

想一想你所憎恨的老师。是什么造成你对这个老师缺乏尊重感？这个老师做了什么让你刻骨铭心？他有哪些该做却没有做的？

记住你最糟糕的老师

一个教师之所以成为优秀的教师，他必定是个优秀的领导，他必定是学生们敬仰的对象，你很难向一个你不尊敬的教师学习。

在传统学校里，那里既有优秀的教师也有糟糕的教师。在军事院校里，那里同样有优秀的教师和糟糕的教师。他们的区别在于，传统学校里的糟糕教师让你付出的是分数的代价，而军事学院里的糟糕教师能让你付出的是生命的代价。

无论是在传统学校还是军事院校，我的分数都很差，因为我不是个好学生。我的分数差得可怕，因为在我看来，我的老师太可怕。他们都没有激励我，没有让我对学习如饥似渴。

我所遇到的最好的老师都是我所敬仰的人。最坏的老师是从来没有赢得过我的尊重的老师。我的分数折射出了我对他们的尊敬水平——或者说缺乏对他们的尊重。

我在军事学院里最喜欢的指导老师是我的英语教授。他是从美国西点军校毕业的，二战中担任 B-17 飞机的驾驶员。他驾驶的飞机在法国作战时被击落，逃脱后又继续飞行。他激励我成为一个飞行员。

1969 年，我从商船学院毕业后被加利福尼亚标准石油公司雇用。我实现了自己的美国梦：一份大学毕业文凭，一份在大公司里的高薪工作，每年只工作 7 个月，5 个月的休息时间，一段很长的带薪假期。

那时，海军学院的毕业生的年薪只有 2400 美元。而我那几个从商船学院毕业的同学却挣到了 10 万年薪，几乎是当时世界上最高的毕业生工资水平。我挣得稍少些，年薪 4.7 万美元，对于 1969 年刚 21 岁的我来说，已经相当不错了。我估计了一下，1969 年的 4.7 万美元相当于现今的 20 万美元。

如果你看过汤姆·汉克斯主演的电影《菲利普船长》，你就知道这是一部关于一艘商船被索马里海盗劫持的电影故事。那条船上的平民船员被付给交战区的工资。他们的工资比起来救他们的海军海豹突击队员的工资那真是太慷慨了。后者跳伞降落，干掉了海盗，救出了菲利普船长。

我挣得要少些，因为我为标准石油公司工作，而且我没有加入工会。但如果我加入了工会，标准石油公司就不会雇用我。我行驶在加利福尼亚和夏威夷、塔希提岛和阿拉斯加之间——刚好不是交战区域。

尽管似乎我在22岁就已经"拥有了一切"，但是我的英语老师讲的故事总让我魂牵梦绕。在我的灵魂深处，有一种驾驶飞机参加战斗的冲动。尽管被免除了兵役，然而我的良知不得安宁。我知道，为国家服务是我的责任。我的叔叔中有7人参加过二战。他们中有一人是美军中两个被俘的日裔美国人之一，被作为战争俘虏关押在日本。越搜索灵魂，我越觉得自己的工作、工资和假期变得不重要了。

我曾于1966年去过越南。那时我才19岁，还是商船学院的一名学生，也是一名候补海军军官。我乘坐的交通工具是一艘货船，装着运往战区的炸弹。

在1966年，那场战争对我来说毫无意义。在军事学院里，我们被告知越南人处在战争状态已经有上千年历史了，一直在与入侵者作战，例如法国。美国对他们来说是他们抗击的又一个国家。我对1966年的那场战争很困惑,我不知道为什么我们要出现在那儿。甚至多年后,那场战争在我看来还是没有意义。

在标准石油公司航行了几个月后,我的良知最终战胜了自己。1969年年末,我从标准石油公司辞职,然后去海军飞行学院报到,工资降为2400美元一年。一想到放弃月薪4000美元加上每年5个月的带薪假期的职业,去做月薪只有400美元(假期只有两周)的工作,我心里还是有些不平衡。而现实更糟,急需做些调整。我的朋友和家人都认为我迷失了生活方向。但是回溯那段历史,我知道这是我生活中做过的最好的决定。如果我继续待在标准石油公司,做一份有保障的工作,享受带薪休假和其他福利,最后过一种有退休金的生活,我现在不可能成为一个企业家。

如今我见过很多大公司的员工,他们聪明,受过优质的教育,工作非常努力,但是对我来说,他们似乎总是缺少点什么东西。也有许多人想要成为企业家,想要自己开公司,不为工作的稳定性而是为自己的财务自由而工作,但是他们却不具备某些东西。他们性格中缺乏某种核心力量,缺乏成功企业家所需要的不可阻遏的企业家精神。

在海军陆战队,我首先注意到的一件事是,每个年轻的海军陆战队队员都需要有高度的个人责任感。即使陆战队队员们只是18岁的列兵,只有高中学历,他们肩上的责任却是普通老百姓很少承担过的。例如，我们在越南的武装直升机上，一个年轻的下士不仅必须知道怎样修理飞机，还要知道在战斗中怎么操作武器。如果某人受了伤，他还要兼做医护兵，在战场上救死扶伤。

我们的武装直升机上有五个机组成员——两个飞行员，两个枪炮手和一个机械师。在我们这个小集体中，没有等级观念，只有尊重和责任心。我们中每一个人都是领导者。如果我们每一个人都做好自己的工作，我们生；如果谁摆架子命令某人做某事，我们死。

在越南的飞行生活，给了我成为一个企业家的勇气。

我现在认识了很多想成为企业家的人，但是他们身上缺少军队点滴灌输给年轻人的核心力量。他们中的大多数人缺乏纪律性、人际交往能力和领导经验，无法让信仰起飞——无法离开有保障的工作和稳定的薪水，成为一个企业家。

两种疼痛

我在商船学院和海军陆战队学到的更重要的教训之一，是关于两种疼痛的教训。

　　1. 自律的疼痛。
　　2. 悔恨的疼痛。

在这两种疼痛之间存在着人生改变的差异。自律的疼痛是暂时的、短期存在的，而悔恨的疼痛是永远难以消除的。

举例来说吧。我很少去健身房，而是宁愿待在沙发上看电视。尽管我也知道，如果我不去健身房，我会长久地感知身体的不健康。这是自律的疼痛——让我离开沙发做20分钟锻炼的自律规则产生的疼痛，因为我很不情愿做锻炼。

什么是20分钟规则？它是我所习惯的去做什么和不做什么的动机，如去健身房。我知道，我会感觉20分钟的不爽，但20分钟后，我通常会很高兴做了自己不想做的事。

大多数人不愿意经历这20分钟的疼痛。结果，他们生活在有可能是一辈子的悔恨之痛中。

当我遇上那些不幸福、不成功、不健康、没有财富和缺乏满足感的人，我相信他们的痛是悔恨。他们缺乏经历疼痛的训练，去做自己需要做的事，然后到达痛苦的另一面。他们知道自己需要做什么，只是做他们不想做的而已。许多人则是用他们短期的经历之痛去交换长期的悔恨之痛。许多人不愿意现在经历痛苦，而是想要一个轻松的人生答案，或是让一颗神奇的药丸或无痛的配方把他们带到更高层次的生活中去。

那些想无痛致富的人就只好去拉斯维加斯或玩彩票，只能生活在靠运气致富的虚幻世界中。

痛中之痛

有许多真理体现在这句话中："一分耕耘，一分收获。"我将永远感谢商船学院和海军陆战队通过训练灌输给我的经历疼痛的理念。你知道，至今我依然认为自己是个很一般的人。在我的生活中，很多时候我都是一个懒惰的学生。

一个海军陆战队新兵的母亲曾经这样写道：

> 那些有儿子或女儿在新兵训练营的父母们，让我告诉你们我发现了些什么。先让我给你们说一点背景知识。
>
> 当我的儿子离家的时候，他丝毫没有积极性。他懒惰、粗心、没有自豪心、缺乏自我价值感。这就是那个3月18日那天在帕里斯岛下车的男孩。
>
> 我在周四父母日那天见到的这个男人却很了不起！我无法向你们描述全部的差别。他看起来和以前是那么的不一样：走路不一样，说话不一样，有了一种承受力和自豪感。我所能做的就是敬畏地盯着他。
>
> 噢，是的，训练非常艰苦，他所经历的是任何没有到过那里的人所无法想象的。他被明确地教导要做一个勇士。让我告诉你他被灌输的其他令人吃

惊的事情：我儿子现在比我认识的任何人都具备更好的价值观念、更好的道德观、更好的行为举止——那可比"是的，先生……是的，女士"这样的礼貌要强很多。

他现在很注意自己的个人形象，注意自己的言行举止。这可不是我在自吹自擂。他是一个真正的绅士了。我从他身上看到了以前从没有过的耐心和冷静这些品质。我无法表达我对海军陆战队教化我儿子的感激之情。

一个海军陆战队员的母亲：希贝尔

来自我的指导老师和指挥官们的有关海军陆战队的训练和领导力方面的训练教会了我训练痛苦的价值。我能活到今天，因为我学到了熬过训练痛苦的价值观。

正如我所讲过的，泰德和我驾驶着我们的"休伊号"在越南海岸线附近坠毁了。飞机的引擎坏了，我们5个机组成员在海里游了5个小时。在上面的图中，你看到的是"休伊号"武装直升机落水时的情景。

在另一次事故中，乔·埃泽尔和我坠落是因为双重液压故障。据我们所知，在遭遇这样的设备故障中，我们是唯一存活的机组人员。没有液压，"休伊号"飞机是没法飞行的。

如果不能经受住之前的痛苦训练，我们在这样的事故中必死无疑。

如果我们中的任何人死去，活着的人将生活在无尽的、悔恨的痛苦中。

每一次飞行，我们都把练习紧急情况处置作为我们的任务。我们从来没有停歇过痛苦的训练，没有停歇过面对死亡的练习。当我们的发动机失灵，液压系统出了故障，面对鲜有人会遭遇的恐惧，飞机上的每一个人——从机械师到飞行员、从军官到士兵都作为受过良好训练的、高效的团队成员在极度的高压之下冷静操作。直面恐惧的训练，做我不愿做而必须做的事的训练，它让我今天成为一个自以为还不错的企业家。作为一个企业家，每天我都要面对来自外界的恐惧。

企业家们没法指望稳定的工资，或者面对真实的商业世界挑战时有谁来保护他们。

当人们说"做你热爱的事，金钱就会追随着你"时，我的说法是："胡说！在企业里，一个人必须要做他们明白的那些必须要做的事，即使他们痛恨做这样的事。"

在航母上，我的室友是杰克·伯格曼，他后来成了杰克·伯格曼中将。在越战期间，杰克是一架CH-46直升机的驾驶员。他的机组成员也是五个人。作为一个中将，他指挥着二十万男女官兵。他从五个机组成员的团队中学到的领导力经验，逐渐提升成为领导数十万人的能力。

杰克不仅成了海军陆战队的中将，还担任过航空公司的机长，为西北航空公司飞行，还是医疗设备领域的一个企业家。

杰克和我在航母上时，我们花了很多时间讨论战争、军事策略和领导方式。尽管我们的看法并不总是一致，我仍然从他那里学到了许多东西，并把这些东西带到了我的企业和生活中。

这些海军陆战队员把他们的飞行技能和经验用于日常生活之中：中尉乔·埃泽尔成为埃默里航空公司的一个机长，中尉特德·格林成为美国联合航空公司的机长，还有，如我刚才讲到的，杰克·伯格曼成为美国西北航空公司的机长，同时还在为海军陆战队飞行。如果你了解航空业，你就会明白：对一个直升机驾驶员来说，在商业航空公司找份工作有多困难。我相信正是在海军陆战队接受的训练使他们在平民世界具有领导力并取得成功。

我们都在海军陆战队 HMM-164 飞行中队服役。由于我们的指挥官哈特·伯格中校和执行指挥官摩尔少校领导有方，我们飞行中队获得海军单位嘉奖和功勋单位嘉奖。

我提到这些单位嘉奖，是因为它和奖章有明显的不同，诸如荣誉勋章或者银星这类奖章是授予个人的，而我们获得单位嘉奖是表彰整个中队的。这些嘉奖证明了我们单位领导者的能力。我们整个中队获奖不是因为我们杀了多少人，而是因为我们在战斗中表现得如何出色，以及有多少人活了下来。

我相信，离开 HMM-164 这个集体后，这些中尉军官们如伯格曼、格林、埃泽尔和我还能继续取得成功的原因，很大程度上要归功于从我们中队的领导那里学到的东西。真正的领导者能激励他人也成为优秀的领导者。

在我所有的领导力课程中，最好的一课来自一位年轻的下士，我的枪炮手。他刚收到信：他当父亲了。我在这本书前面的章节中写到过他（详见 P29）。从许多方面来说，他是我非常棒的教师。

当年轻的我愿意牺牲自己时，辞去高薪工作就不再是一件让人纠结的事了。

回顾往事，是当初我辞去标准石油公司工作、服务于国家的决定,把我从一个受金钱驱动的高薪员工改变成了受使命驱动的企业家。

正如巴顿将军所说:

所谓懦夫,就是那些让自己的恐惧感压倒了自己责任感的家伙。

两只眼睛、两个耳朵、一张嘴巴

看看下面这张人脸图。你会注意到:人有两只眼睛、两个耳朵和一张嘴巴。这意味着我们通过观察和倾听学到的东西最多,而通过嘴巴学到的较少。

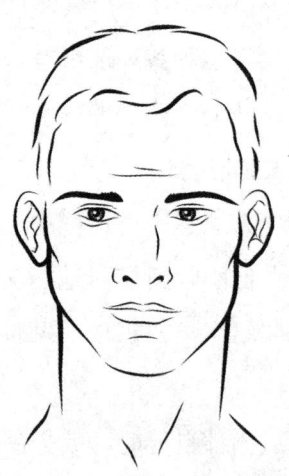

遗憾的是,许多教师认为:只有他们讲得越多,学生们

学到的东西才越多。

伟大的领导者和伟大的教师都是话语不多的人。糟糕的领导者和糟糕的教师整天说个不停，他们给出的指令没有人遵循，他们经常分享没有人要的智慧。糟糕的领导人和糟糕的教师尝试通过威胁让别人听他们的，有些人还试图让你喜欢他们。有时候他们会甜言蜜语，说些好听的，但通常都是心口不一的。恐惧和礼貌掩盖了他们更深层次的不安全感。

我们都听过这样的说法："强者都是沉默型的。"我最尊敬的教师和领导者都是沉默型的强者。不论男女，他们话语都很少。但是只要他们一开口，大家都会倾听。

提问的人控制局面

当一个人说得太多，他们就不能通过观察和倾听来学习。优秀的领导人和优秀的教师都是看得多、听得多，但说得少。

当他们讲话时，他们倾向于提问，因为问题给了他们观察和倾听的机会，这样学到的东西会更多。

在生意场上，我的富爸爸教我要对他人感兴趣，而不是显示自己很有趣。他说："想显示自己很有趣的人通常很无聊。对他人感兴趣的人控制着谈话，能学到更多，而不必滔滔不绝地讲话。"

在推销工作中，我发现如果我对他人感兴趣，提出问题，用我的耳朵去听，用我的眼睛去观察，任顾客说个痛快，我会挣到更多的钱。

当我去讲课时，我尽可能多地让学生们多说话。我注意到，他们讨论得越多，我说得越少，学生们学到的东西就越多。

改变习惯，改变生活

军事院校注意改变学生的坏习惯，并代之以好习惯。为了做到这点，他们关注学生们在脑力、情感、身体和精神方面的发展。一个不能改变自己不良行为模式的学生是会被开除的。

传统学校关注的重点只在学生的脑力上。个人的行为习惯不重要，只要他们达到所需要的学习成绩就行。

习惯是富人、中产阶级和穷人之间的分水岭。一个穷人如果不改变他的不良习惯，他是不会变成中产阶级的。改变不良习惯需要从脑力、情感、身体和精神上做出改变。中产阶级若想变成富人，也是相同的道理。

仅仅是有了钱并不会改变某些习惯的。所以，那么多出身于贫困家庭的彩票中奖者和体育明星一旦大手大脚地把钱花光后，又变回了穷人。

我之所以发明《富爸爸现金流》游戏，是因为游戏是极好的教学工具。通过调动人们脑力、情感、身体和精神方面的投入,游戏有改变人们的习惯的力量。

光是阅读书籍和听人演讲还不能改变人的习惯,就好比光是阅读书籍和听人演讲不能让我成为飞行员一样。在教室里的学习或许可以让我知道正确的答案,但我还必须实际地飞行才行啊。变成一个富人也是同样的道理。

学习金字塔理论

两周后我们还能记住多少	学习金字塔	参与程度
说过和做过的还能记住 90%	实战	主动
	模拟	
	做一次令人印象深刻的报告	
说过的还能记住 70%	发表一次演讲	
	参与讨论	
听过和看过的还能记住 50%	现场观摩	被动
	观看演示	
	看展览、观看演示	
	看视频	
看过的还能记住 30%	看图片	
听过的还能记住 20%	听演讲	
读过的还能记住 10%	阅读	

资料来源:改编自戴尔的学习金字塔(1969)。

在前面提及的学习金字塔这个图中,阅读和听演讲是效果最差的学习方式。然而,这却是传统学校教育体系和教学过程的重点,也是传统学校衡量脑力的依据。

在学习金字塔的顶部是"模拟"和"实战"。军事院校对模拟和实战就非常重视。

让事情变得很糟的是,传统学校的教育惩罚在学业上犯错误的学生。而军事院校的教师通过采用模拟手段和真实的练习,鼓励学生犯错误,并从错误中学习。

在商船学院,我花了很多时间用于学习帆船驾驶和动力轮船驾驶。在飞行学院,我在地面上的飞行模拟器上练了很久,但是驾驶真正的飞机在天上飞花的时间更多。我喜欢军事学院的学习氛围,因为他们的教学方式让我的脑力、情感、身体和精神全都投入了进去。

当我决定要教他人富爸爸教我的课程时,我知道第二种最好的教学方式是使用游戏。因此,金和我开发了《富爸爸现金流》游戏。我们认为,在冒风险玩真金白银之前,最好的学习就是通过金钱游戏演习。

仔细观察《富爸爸现金流》游戏中的财务报表,就更容易理解为什么富人会变得越来越富。

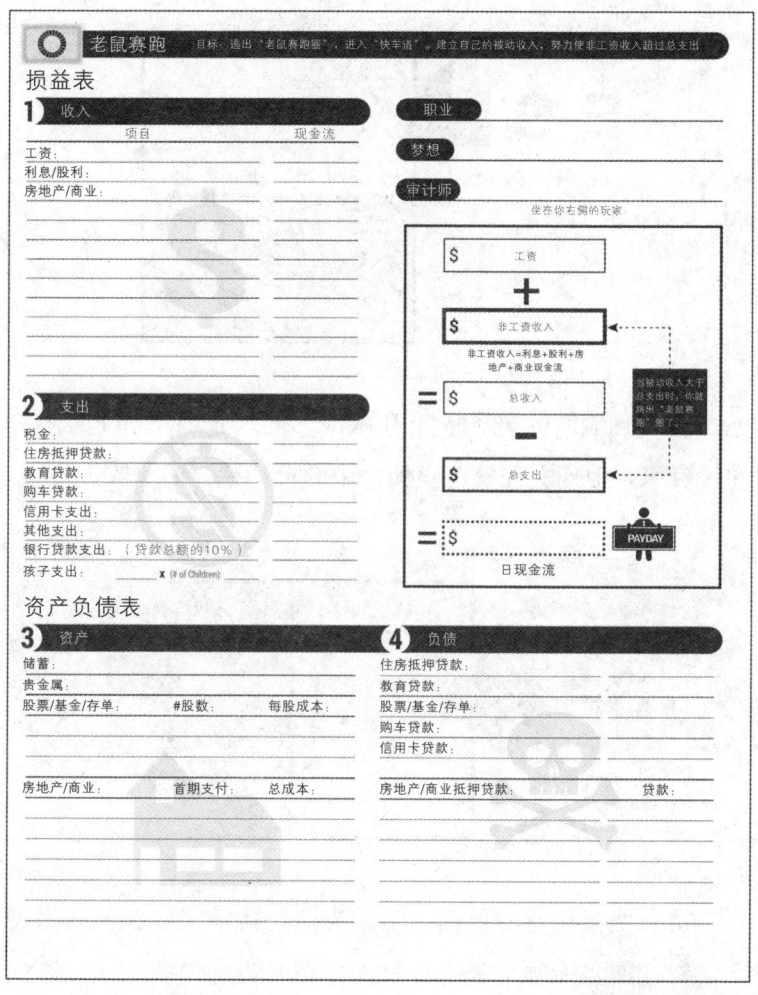

绝大多数从学校毕业的人成了 E 象限中的雇员和 S 象限中的自雇主／自由职业者。他们离开了学校，专注于损益表中的收入部分。

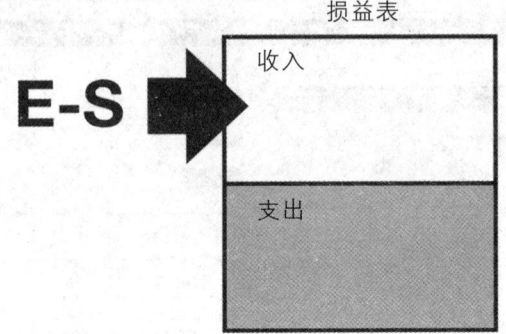

富人教他们的孩子成为 B 象限中的大企业主和 I 象限中的投资家。他们关注资产负债表中的资产栏,而非收入栏。

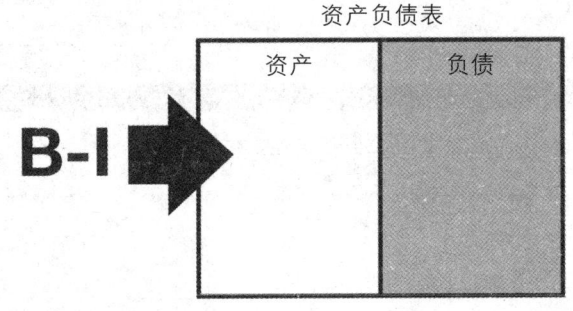

富人变得更富的原因,是因为他们持续关注如何获得资产,资产便是无须你去工作就能把钱装进你口袋的东西。他们不仅每年能挣很多的钱,如果成功的话,还能按远低于工薪阶层的税率缴税。

《富爸爸现金流》游戏的力量在于训练人们脑力、情感、身体和精神这四个方面的能力,以帮助人们关注资产,而不是关注辛辛苦苦挣来的工资。

"现金流"游戏是一个教师。这个游戏允许人们互帮互学。这个老师绝不会疲倦。只要学生们一次又一次地玩这个游戏,就会了解越来越多的知识。学生们在虚拟金钱游戏中犯的错误越多,他们在真实的金钱世界里就会越聪明。

金和我每年都会关注我们将会获得多少资产,这可以保障我们可以持续地变得更富有。我们不关注如何为挣薪水而更努力地工作,我们不会回到学校去充电以便挣更多的钱。我们努力工作是为了创造、获得或者增加我们的资产。这就是我们开发《富爸爸现金流》游戏的原因。《富爸爸现金流》游戏是为进入真实的金钱世界而进行的模拟操作。

行动步骤

锻炼和开发你的领导力

1. 谁是你最好的教师?他做了什么来激励你学习?

2. 谁是你最糟糕的教师?是什么让他的教育变得无效和可怕?

3. 在与他人的交谈中,你经常处于主导地位吗?你讲话的时间占多大比例?你观察和倾听的时间比例有多大?下次在与他人交谈时,记一下你提了多少问题,别人问了多少问题,然后确定谁对对方了解得更多。

4. 研究学习金字塔理论。书本、听讲与模拟和实践之间的差异是什么？

5. 从情感上被训练成一个害怕犯错误的人，对人们学习有什么影响？

6. 为什么游戏能让人们把脑力、情感、身体和精神全部投入其中？

7. 一个人关注如何通过学习找到工作挣钱，一个人关注如何得到资产，两者之间的差异是什么？

8. 为什么一个人工作很努力却不富有，为什么另一个没有努力工作却很富有？

9. 为什么仅仅有钱并不能让你富裕？为什么单纯给人们钱却并不能解决他们的贫困问题？

10. 为什么领导者必须成为教师？

本章小结

美国商船学院的座右铭是：行动胜于言语。无须废话。作为一个非常害羞的人（基本上很内向，在聚会上很沉闷），我发现学院的座右铭让我的生活受益颇深。我决定，与其试着变成一个健谈的人，不如成为一个让我的行动替我说话的人。如今，比起高谈阔论怎样做事，我宁愿默默地去做。我在生活中做成的事越多，我必须靠说来让人们知道的事就越少。

罗伯的报告

我是一个没有边界的孩子。当时我并不知道这点，但我迫切地想要边界。当然，我不会让任何想在我身上进行尝试的人感到轻松。我需要一个特殊的老师。我拒绝了学校里的老师，不听母亲的话。我需要一个首先是个领导者的老师。

我已经写了几个我的优秀领导。他们每个人都堪称优秀教师。优秀的领导者和优秀的教师通常话语不多。他们听得多，说得少。尼尔森·曼德拉说过，他是从他的父亲——一个酋长那里学到的领导力。

曼德拉的父亲告诉他，成为一个优秀领导者的关键是"最后讲话"。比起告诉人们该怎样想问题，他说倾听许多人的想法和观点是更聪明的做法。当召开部落会议时，他会让他的顾问们坐成一圈，并向他们提问。然后，他开始认真倾听。最后，他再讲话。领导者最后讲话。

我的连长就是这样做的人。他教我遵守纪律和有关生活的价值观。他会走进我们的宿舍，向大家提出问题。他极少发表长篇大论的讲话。他从不威胁我们听他的。他观察多，动嘴少。他与大家的沟通更多是靠行动，这比说话这种言辞更有说服力。

伯克长官，就是罚我绕着军营跑步的领导。是他首先发现了我的领导潜能。他有一种通过行动来进行施教的天赋。

尽管他想锻炼我的领导力，但是他从不告诉我具体该怎么做。相反，他仅仅是让我从行动和失败中领悟。然后，他会问我很多问题，直到我想到一个主意或一个行动计划为止。随后，他让我再把想法付诸行动。没想到通过他的领导力示范，我从他身上学到了很多东西。

部队里有很多东西可读，部队里有很多讲话要听。但是，我学的最多的是来自伯克长官给我的体验。就像罗伯特所说："你从模拟和实战中学到的比从阅读和听讲中学到的要多得多。"

当我被指定管理某个班的工作时，我想要按照伯克长官的领导方式去做。要想成为一个优秀的领导者，我必须好好完成他交给我的任务。我召开了多次会议，指定了很多阅读的材料，组织了数次测验。我领导的小组要成为最棒的！但是我们没有做到。

我很不理解。我是怎么失败的？我领导的小组怎么啦？我把什么事都做得很正确呀，为什么我们却招人讨厌？！

第二天，我被叫到伯克长官的办公室汇报我们小组的成果。我觉得很惭愧很丢人。伯克长官静静地读了我们的汇报材料，然后抬头望着我。

"你怎么评价你们的这些成果？"他问道。

"我认为我们的成绩很糟。"

"你准备怎样改进？"

"我想延长他们的学习时间，以便进行深层次的研究。我想应该是我对他们有点放纵了。"然后，我就小声地嘀咕道："……成为一个更聪明的集体。"

这是他所等待的。

"我不认为问题出在你的小组成员身上。你不觉得是你的领导力和教育方式有问题吗？"

"什么？！"我怀疑自己听错了，"我都是照着您说的做的呀……"随后，我意识到了是什么引发了他的提问。

伯克长官从来没有通过讲话和阅读进行教育。他总是通过问题和行动任务来实施教育。他现在就在这么做。

这样做是很有意义的。

"我现在可以走了吗？"我明白了自己需要怎么做。

领导力不是向团队显示你有多聪明和你多有资格享受这个位置。我意识到我需要成为一个教师。

从那天以后，我领导的团队就像我过去被领导的那个集体一样。我们仍然读书，但是随后进行实际任务的操作。在团队操作期间，我提出问题。有时候甚至我自己也不知道全部答案。最终我学到了很多东西，虽然不比我的团队成员学到的多。

是的，最终我们的考评得分极大地提高了。

罗伯·勒·康特

第十章

领导力课程第8讲：领导力是项重要的推销工作

改变世界的领导人都是世界上最伟大的推销员。为了让人类走上生活的正途，而不是过那种男盗女娼、谎言欺骗的生活，他们必须成为世界上最伟大的推销员。

贝拉克·奥巴马在2008年的总统竞选中击败参议员约翰·麦凯恩，是因为奥巴马是一个更优秀的推销员，而且他背后还有一个更优秀的推销团队。奥巴马是利用互联网赢得总统职位的第一人。他在2012年的选举中得票超过罗姆尼，赢得了第二个任期。

在企业里，公司领导也都是销售领袖。如果他们不再是销售领导，他们也就不是公司领导了。在生活中，富人比穷人有更多的东西可卖。那些销售业绩最好的人，成为其所在领域里的领导者。简而言之，领导力有关于推销，而推销也与领导力有关。

在商船学院里，我接到的第一次有关领导力的任务是：集合我们班的同学听我的口令。我非常清楚地记得那是我第一次担任班干部。当时我非常紧张,发出的口令是:"全体……注……注意……"

同学中立马就有一位不满地说道:"去你的!清崎。"我重复了口令,引起的是同样的回应。

我再一次发出口令,这次我带上了一句"去你的!"。

我最终愤怒了,找到一些勇气,冲着他咆哮:"等着瞧,墨菲!如果你再跟我胡闹,等你当班长的时候我也让你下不来台!"墨菲嬉皮笑脸地回答:"我很好奇,什么时候你会胆大一些。有一阵儿,你说话的时候听起来就像我的小妹妹一样。"

听到这话,我咬住嘴唇,克制住了回复他的冲动,并用更权威的声音再次发出口令:"全体注意!"刹那间,全班动作整齐地立正,没有人再出一点声响。"向右看!"是我的第二句口令。让我感到自信的是,他们全都随着口令行动。在一声"起步……走!"的口令声后,全班20个年轻的同学最终在我的指挥下整齐地迈步走向课堂。

那天,我学到了我的领导力课程的第一课。领导力不仅仅是说正确的话、发出命令,还要赢得你所领导的那些人的尊重。仅仅因为你在负责人这个位置上并不意味着人们必然听从你的领导和指挥。领导力是一种推销工作,人们不会盲从一个宣称是他们"领导"的人。人们需要被领导,但是他们需要的是一个让他们瞧得起、被他们尊重的人来领导。

在军队里,领导者要求军人们要甘于奉献自己的生命。

在企业里，领导者要求他们的顾客付钱给他们。不论是哪种情况，领导者都必须学会推销。

沟通的三个部分

构成沟通有三个要素，分别是：

1. 话语 = 7%
2. 语气、语音、语速 = 34%
3. 外表和仪态 = 55%

上面提到的百分比是基于日常交流的大致情况而划分的，百分比加起来没有等于 100 的原因是还有其他一些因素，而那部分百分比是多变的，因人而异，因境而变。关键是沟通不只是靠话语。沉默通常是所有沟通手段中最有力的。

话语

沟通百分比解释了这点：话语是沟通手段中最不重要的一个方面。这就是为什么有些人会说"我告诉过他做什么，但是他却没有做"或者"我把所有好话都说完了"。话语在强有力的、成功的沟通中只扮演了一个小角色。

这并不是说话语不重要。话语也是重要的。但是在日常用语的语境中，它追随着影响沟通的其他两个部分。

语气、语音、语速

　　语气指的是声音的情感基调。处于愤怒状态的人会比处于软弱状态的人得到更多的关注。优秀的演说者讲话时使用富于变化的情感基调。讲话单调的人通常是令人厌烦的。

　　语音指的是一个人声音的质量。例如，说话尖细、刺耳或者瓮声瓮气的人在与他人沟通时就面临很大的困难。许多人靠播广播电台的节目获得体面的生活，这仅仅是因为他们的声音具有抚慰、坚强或激发信任感的特质。

　　我们都听到过这样一种人讲话：他们的讲话用的都是正确的话语，但是听起来却缺乏真诚。这通常属于一种情感基调、音质与话语不匹配的情况。例如，一个人用一种愤怒的语气和刺耳的音质说"对不起"时，可能传达出的是与"对不起"完全相反的意思。

　　语速是讲话的速度。在美国，北方人讲话的语速要快于南方人。如果一个人说话的语速比起听者所习惯的语速慢很多，那他的销售会丢单。

　　想成为一个给人留下印象深刻的领导者，讲话的时候必须懂得掌握好语气、语音和语速。

外表和仪态

　　我们都见过美得让我们无法呼吸的人，以至于你都不在意他们讲了些什么。换句话说，一个人显示出来的外表和仪态成为领导者的沟通中最有效的部分。

一个沉默的微笑比话语传递出了更多的信息，一个无声的皱眉能传达出更有力的意见。同样，向人竖中指比语言挑衅更能引起一场打斗。

大多数讲话者站在讲台桌后面演讲，这使他们丧失了自己有效的沟通工具，限制了他们传递信息的效果。站在国旗前讲话可以鼓舞爱国者。在持枪的卫士护送下走上讲台的独裁者更容易传递他或她的观点。

电视之所以成为如此强大的媒体，是因为它的沟通是视觉性的。视觉性的沟通比听觉性的沟通要强大得多。一个肥胖的人卖体重控制程序要比一个瘦人做这事困难得多。如果让一个穿得像流浪汉似的人去推销金融产品，不会有什么人去买他的产品。外表传递了健康、财富和吸引力的信息。不少人认为他们的衣着和修饰无关紧要。如果你也这样认为，那你光着大膀子去上班试试，看看会发生什么……

个人的外表在军事学院和海军陆战队是门大课题。穿上制服能让人产生自豪感。这就是制服为什么是制服的原因。制服是统一的。尽管我们的制服是一样的，但是等级标志也能通过它体现出来。我们知道银星代表将军的等级，还知道金条代表校官的等级。制服也能传达出与你的专业有关的信息。例如，飞行员的标志是翅膀，而潜艇人员的标志是海豚。在军队里，绿色的贝雷帽则是一种荣誉的象征。

当我外出参加公共活动时,我都要花点时间确保我的外表在我讲话前就能给人留下良好印象。我穿得有模有样。而且,我不自己选服装,因为我不知道哪件更合适。我会让专业的服装销售人员为我挑选。我什么都不说,付完账,穿上衣服走人。

真正的交流是你能得到回应的交流

我们大多数人都有过在课堂或会场打瞌睡的经历。讲话者讲得太沉闷了。他们可能人很聪明,穿着也得体,你可能对他讲的主题也感兴趣,但是,讲话者得到的回应却是呼噜声。

开发你的领导力和销售技能的一个很好的指导是:真正的交流是你能得到回应的交流。也就是说,不管你讲的是什么,得到回应才能真正衡量你的讲话是成功还是失败。

在销售中,如果你的工作做得很好,销售业绩就会上升。钞票就是给你的回应。如果你的工作做得很糟,客户握着你的手说:"我要再考虑考虑。"在这种情形下,"没戏"就是给你的回应。缺乏兴趣是对方给你的沟通或反馈。很可能是你讲得枯燥,浪费了他们的时间。你需要接受反馈或回应,并从中吸取教训。练习你的陈述和你的音调,直到得到你想要的回应为止。

responsibility(责任)这个单词由两个词组成:response(回

应）和 ability（能力）。能力，即是你得到自己想要回应的能力。那就是领导力。那就是推销能力。糟糕的领导责备他们的员工，糟糕的推销员责备他们的客户。这都是没有责任心的表现。换言之，我认为责备代表了跛脚的状态。惯于责备他人的人将不会成长为一个优秀的领导者。领导者是那些花时间让自己进步，以得到想要回应的人。

推销能力是企业家的首要本事

1974年，我离开了海军陆战队。我没有听从穷爸爸的劝告（去航空公司做个飞行员，或者回到海上做商船的负责人，或者回到学校修我的硕士学位，然后到政府部门找个差事）。我决定走富爸爸的道路，成为一个企业家。

"如果你想做个企业家，推销是你最重要的技能。"富爸爸这样告诉我。他的这个忠告一直陪伴我走上企业家的创业之路。

1974年，我跨进了施乐公司大门，因为他们有很好的培训计划。培训一结束，我就走上了火奴鲁鲁的街头，但是很快就尝到了失败的滋味。每到周一，我都有打退堂鼓的念头。

富爸爸的建议却是"更快地失败"。他说道："一天只打两三个推销电话，怎么能学会推销呢？"我接受了他的建议，我每天下午5点钟离开施乐公司，赶到一个叫作"拨号捐款"的非营利组织，参加他们举办的"每天打更多推销电话"的免费培训。我的目标是在每天早上6点到下午9点这段时间打30个推销电话。尽管我在"拨号捐款"那里做得不是很好，但是我在施乐公司的销售数字开始上升了。到我1978年离开公司去开办我的第一家公司的时候，我的销售业绩已经成为施乐公司在火奴鲁鲁的第一名。

到了1984年，我决定投身教育产业。我又一次地经历了同样的过程。我开始免费给那些愿意听课的人们讲课。我做预告，免费赠票——仅仅是为了获得经验。我有像布莱尔·辛格这样的朋友——他会一周两三次地把我锁在一个小房间里练习讲课。布莱尔做事是六亲不认的。他需要我在讲台上讲得越来越好。不久后，我又被要求到世界各地去讲课。我的工作再次变成免费，只要求对方承担我的交通费和食宿开销。1986年以后，金和我的讲课才成为有偿服务，这是因为市场对我们的讲课需求变得越来越大了。我们最终得到了自己想要的回应。到了1994年，金和我实现了财务自由。

如今，金和我经常以财商教育领域里导师和领袖的身份在世界各地旅行。如今，布莱尔成了推销和推销培训的权威。他的工作很辛苦，但是他的生活也在改变。他有让销售领导者脱颖而出的能力。

我给想成为领导者的人的忠告是："不断地实践，不断地接受反馈，不断地改进，直到你有了得到自己所想要的回应的能力。这就是回应加能力而形成的责任。这就是领导力的真髓。"

所有决定都是情感性的

对待像你一样的人是相对容易的,对待和你不同的人——懒惰、好斗、草率或者能力较差的人,则需要艰难的训练过程。要想转变一个人的观点,这需要我们下比话语更多的功夫。

坚持自己的立场,有勇气捍卫自己的观点,尤其是让人们接受那些不太受欢迎的观点,只用语言是无法达到的。这需要勇气。真正的沟通包含了风险,如下面的图表所要表示的内容。说它有风险,是因为所有决定都是与情感有关的。

下图是一张简单的有关人性的三角形图表。

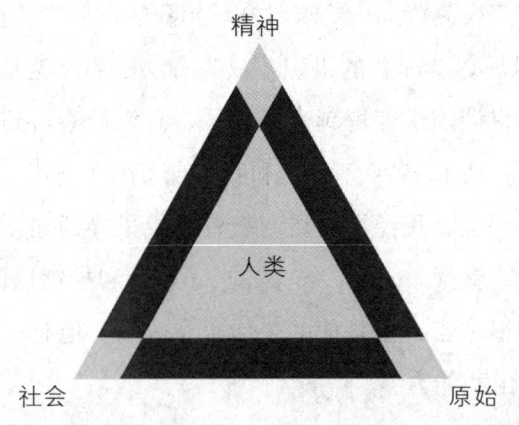

如果领导者和销售人员不能通过表象看透我们所处的这个社会,他们的工作就不会有什么成效。要想有成效,领导者和销售人员就必须从原始层面了解人性。记住,人类不是理性动物，他们是非常情绪化的，所有决定都受其情绪影响。如果一个人不能透过社会表象看问题，他将一事无成。为什么无论受众是年轻还是年长的男人，广告商做给男人看的广告都会选择外表漂亮的女人？因为性是人类的原始本能。

买车时，广告商推销沃尔沃时打的就是保障家人安全的牌。安全是原始的需要。法拉利则突出"性"这一特色。再说一遍，性是人类的原始本能。杂志和电视中的广告如果没有满足人性的需要，成功（即销售业绩）的希望就会低于那些做了这方面需要的广告。

恐惧、性、欲望、爱、尊重、耐用性和吸引力是领导者和销售人员必须触及的一些"热点"。所有的决策都是情感性的。如果不是情感性的，那它就让人觉得无聊了。总体来说，糟糕的领导和糟糕的销售人员都是无聊的人。

我遇到过的一些最优秀的推销员则是通过挨家挨户推销产品来完成学业的学生和传教士。

看透一个人的表象需要极大的技能：耐心、勇气和毅力。所有这些都能够帮你养成品格和自尊。性格里面不是没有恐惧，但你不能由它来支配你的行动。

在我还没有确定要到哪个部队去做飞行员时，一位海军军官的演说对我产生了巨大影响。他站在讲台上，身着蓝色的海军陆战队制服，面对大约500个年轻人，用一种强有力的、权威的声音完美地讲道："如果你想去救人，到海岸警卫队去；如果你想去杀人，到海军陆战队来。"

我知道对于你们中的很多人来说，这样的讲话令人恶心。我知道我是在冒着巨大的风险分享我内心深处最黑暗和最原始的一面。然而，那是事实。正是这段影响了我的讲话才让我下定决心。它不是一个理性的决定。

我的家庭来自日本的一个武士阶级。在第二次世界大战中，我有七个叔叔当兵参战。其中五个参加的是对德国和意大利的作战，剩余两个参加的是对日作战。其中一个还被日本军队俘虏了。战斗的气质融入了我的血液。所以当那个海军军官讲出那么一番话来，立即拨动了我的心弦，把我带进了家族的传统中。他的话激起了我为祖国而战的勇气。而那个时候，我的同辈人们或正在烧毁他们的征兵卡，或在寻求大学延期，或准备逃往加拿大，并朝那些参战的人吐唾沫。他的话推动我超越了内心的恐惧，激励我选择立场，做出了非理性的决定——一个改变了我的人生轨迹的决定。

如果你看过汤姆·克鲁斯主演的电影《生于七月四日》，你就能回想起这段与我的描述非常相似的情景。在片中，招募新兵的海军军官说的话几乎和招募我们的那个军官说的一模一样。

这是真的。海军陆战队当时正在招募若干优秀的新人。那天，在坐满了大约500人的礼堂里，只有25个人在会后去找那位海军陆战队的军官，其余人都去找海军、陆军、空军和海岸警卫队的招募人员面谈。

行动步骤

锻炼和开发你的领导力

1. 讨论讲话和推销的区别。
2. 为什么一些人讲的话没人听?
3. 讨论沟通的三个部分。
4. 语气、语音和语速有多重要?如果某人带着愤怒情绪说话,听者会怎样:难过?恐惧?还是快乐?如果某人的嗓音让人不愉悦,会产生什么效果?如果某人说话太快或太慢,会对人有什么影响?
5. 外表的重要性是什么?在你说话前你的外表会怎样"出卖"你?
6. 你社会性的一面和你原始本能的一面有何区别?
7. 为什么大多数决定都是非理性的?
8. 领导者怎样触及一个人内心中最原始的一面?他们有哪些大多数人通常不具备的技能?

本章小结

有些人是天生的领导者。我不是。在商船学院,谁有天生的领导气质,一目了然。但我没有自暴自弃,我决定培养自己的领导力。如今,我仍在这么做。

领导力的基础是勇气。"勇气"这个词来自法语词"la coeur",

意思是"心"。当一切正常的时候,勇气用不着。一旦面临挑战的时候,它就派上用场了。为了培养领导力,我养成了一种习惯——不断地把自己置身于考验勇气的情境中。这是我在军事学院、海军陆战队及作为一名企业家养成的习惯。正是这种习惯,而不是我的脑子、个性或者才能,成为我取得成功的秘密。

正如富爸爸所说:"我之所以成为富人,因为我做了大多数人不愿意做的事。成功需要牺牲,而我愿意做出那些牺牲。"作为一个军官,愿意牺牲自己的生命不难。要求年轻人,尤其是有家室的年轻人牺牲他们的生命是非常困难的。要求有家室的年轻人为了自己的国家献出他们的生命是我遇到的所有"推销"工作中最难的。一旦我愿意牺牲自己的生活,并说服他人也做出同样的牺牲,这时变成一个企业家并不困难。

罗伯的报告

罗伯特每周都召集富爸爸公司的员工开会。那都是些有关为我们的内部用户录制和播放教育产品的会议。在其中的一次会议上,他讲到这样一个观点:每个人都在做销售——一直都在做。总是有一些人卖东西,一些人买东西。我以前从未这样想过。

当我向一个姑娘示爱,我是在推销自己。如果她拒绝了我,说明她不想"买"我。如果我停止了对某个女人的追求,那么我不再是买家,而她变成了卖家。她卖的是我不太感兴趣的东西,不值得我浪费时间。

罗伯特曾经说过的另一件事是,如果他和一群人被困在一个岛上,他想要向这些人推销的第一个东西是技能。这样,他就有了自己所需要的东西或者说是需要去做的事——卖给被困的人们技能。利用这些技能或才能,让他们全都活下来。

奇怪的是,这话有道理。领导力不过是一项重要的销售工作。我在军队里的领导者必须卖给我什么东西——让我相信,他们是值得我尊重的。他们卖出的是这样的事实:他们是领导者。

当我第一次陷入与连长的麻烦中时,他开始卖给我这样的观念:我其实比我的行为表现出来的自己更优秀。然后,他卖给我的看法是:我可以成为一个领导者。

在富爸爸公司工作多年,我多次听罗伯特说到,一个领导者首要的工作就是培养出更多的领导者。这是有道理的。完成绝顶工作需要的首要技能便是学会销售。

当富爸爸公司总裁肖恩·卡尼利亚和一个连锁企业家第一次来到富爸爸公司的时候,肖恩耐心地向我们推销他的权威。当团队归肖恩领导后,他并没有把团队当作他的私有物一样紧紧地攥在手里。相反,他开始识别、发现和培养领导者。他打造了一个核心领导团队,并让他们挑起了管理公司的担子。

正如我在前面的课程中写到的,团结的局面不是理所当然的。它是经过不断的努力和关注造就的。肖恩现在的主要工作是保持他的核心领导层携手合作，团结共事。他宣扬大家要不断地交流，并销售不断交流的理念。我们买了他出售的东西。

这本书也是一个大推销。它卖给你的是一个事实：你能够成为一个领导者。我们卖给你的信息是：我们已经成长为领导者。但是我们并非天生就是领导者的料。

这本书主要卖给你的是我们所相信的事实：你也能成为一个企业家。如果你曾在军队服役过，那么你已经有一个良好的开端；如果你没有做过军人，那么你必须更努力地学习本书中的课程。

一句话：这本书是卖给你的。走出幻想，采取行动吧，这个世界需要企业家！

罗伯·勒·康特

为什么我请戴夫·梁写荣誉准则?

你可能有些奇怪我们那么频繁地提到准则、荣誉准则，以及富爸爸公司的荣誉准则。当我们这么做时，我把戴夫·梁拉了进来，请他写写自己在空军的经历和荣誉准则。

在富爸爸公司里，我们有专门为公司和合伙人制定的荣誉准则。我们鼓励员工在他们自己的公司里实施类似的荣誉准则。我们甚至建议他们在家里建立一套准则，就像金和我所做的一样。这是我们坚持的标准。当我们对这样的标准做出承诺时，我们是要对此负责任的。

遵守准则并不总是轻松的，当你或其他人违反这些准则时，就要承担一定的后果。但有一件事是非常明确的：当准则存在时，你就能时刻明白自己的立场，以及你对自己及他人的期望。

戴夫告诉我他在空军服役时遵守荣誉准则的一些体验，以及当他冒险开办自己的公司和进行投资时，准则如何塑造了他的洞察力。

谢谢你，戴夫！

罗伯特·清崎

荣誉准则

戴夫·梁

当罗伯特找到我，问我是否愿意根据我在空军学院当学员的经历写一小段文字，我有点猝不及防——既感到荣幸，同时又有几分担心。我是一个喜欢安静的人，不是一个作家。

然而，我与罗伯特在富爸爸公司共处的那段时光里，这家公司有个引起我共鸣的启示：让改变伴随我们成长。于是，就有了下文。

罗伯特特别要求我写一写我在空军学院学习及在空军部队服役期间遵守的荣誉准则，以及我是怎样把它应用到我那富有激情的企业家和投资家的生活中的。

我们以美国空军学院的荣誉准则开始吧："我们不说谎，不偷窃，不欺骗，而且也不容忍我们中任何人这么做。"

每一所军事学院——空军学院、海军学院、西点军校甚至商船学院，都保持着自己的荣誉准则。普通大学、州立学院和私立学院则没有。

说实话，我在学院期间有一大堆有关第一世界的问题可能会让你觉得厌烦。作为一个傻乎乎的学生，怎样按照荣誉准则的要求生活成为一项挑战。荣誉准则或行为准则，不管它是军事学院的，还是现役部队里的，抑或是普通公司里的，再或者是自己公司里的，都能把人们从困境中带出来，并指明可行的方向。它为组织内的每一个人提供了管理同事和领导的权限。它把个人带出问题的泥沼，使其支持准则——把组织利益放在第一位。听起来很熟悉吗？

接下来我将分享一小段然而却意义重大的亲身经历。正是这段经历把我培养成为现在这个通过自己的工作为这个伟大世界贡献价值的人：

> 经过三年的辛勤工作、学习和训练，我们终于在"动物园"（我们送给学院的爱称）进入了我们的最后一个学年。我和几个朋友对摩托车有着一种特别的喜好。我们喜欢有圆滑、迷人线条的杜卡迪、铃木和本田摩托车。排气管排出的气味、直线上的扭矩、对曲线的处理和高速度，对我们这几个口袋里有点闲钱的大学生产生了无可抗拒的诱惑力。
>
> 问题是"动物园"里有项规定，禁止学员拥有摩托车。寻思这可能算不上什么大问题，我们还是买了，并把它们藏到了一个朋友的公寓里（也是不允许的）。这算什么错吗？
>
> 没想到的是，几个月后，我们那位拥有公寓的朋友和他很快成为前女友的女人发生酒后争吵。声

音之大，以致招来了警察。发现他是军校学生后，当地警察就联系了空军特别调查办公室——令人想起了联邦调查局。

这下好了。那位前女友向特别调查办公室的人告发了其他学员藏匿在公寓里的摩托车——她知道这件事的潜在影响。于是，我们几个人都被牵连了进去。

特别调查办公室的人很老练地把我们隔离开进行单独问话，即使我们想统一口径找个托词都办不到了。

这还不算太糟。尽管我们不是非常严谨的人，但还是知道自己违反了规则，破坏了学院里坚持的荣誉准则。因此，我们没有人否认自己做的事。

我最好的朋友兼室友被叫去问话。尽管他没有买摩托车，但是他显然是知道我有没有买。他很配合调查，讲了真话。他不觉得讲真话有多了不起，但是他知道这对我意味着什么。我很感激他有那样的感觉，但是如果他没有讲真话的话，我会对他撒尿。因为我希望他讲真话。

当被问及尖锐的问题时，他都如实回答了。我们都签署过遵守荣誉准则的文件，我们就是按照荣誉准则这么做的。没有被背叛的感觉，一点也没有。

在我们毕业前不足三个月时，这件事逐渐平息了。买一辆摩托车这事的影响本也可以是巨大的。

如果军校校长，一个陆军上校做出不允许我们毕业的决定，或者把我们踢出"动物园"，我们也只能履行承诺。

在面临这样结果的紧要关头，对很多人来说——不管他们是在"动物园"还是普通大学——说谎的动机会很高。然而，那样做最终于事无补。我们决定做个敢作敢当的男子汉，负起自己应有的责任，守住我们的诚信。

然而这个过程并不有趣。"被踢出校门"这个后果一直在我们头上悬了整整四周，之后我们才获得了毕业的机会。如果我们中的任何人违反了荣誉准则撒了谎，我们立马就会卷上铺盖走人。

重申一下，拥有一套准则可以把人、自我意识和情感从某种状况中拯救出来。它设定了每个人都要对其负责的标准，并使组织中的每个人——从秘书到总裁，都能把不遵守准则的人管起来。

在"动物园"的环境中，我们更易于遵守荣誉准则，更易于把它作为行为标准来对待。虽然荣誉准则听起来既乏味又让人紧张，但它为所有同意遵守它的人提供了一个共同的标准。无论你想把它叫作什么，但是准则必须为身为企业老板的你、你的员工和其他在这个公司里一起工作的人（例如咨询师或顾问）所熟知和拥护。如果没有准则，那你就是在制造混乱。

在富爸爸公司工作期间和我努力将自己的经营理念付诸实施期间，对我来说最重要的是，我创造了一种氛围，吸引了持有正确态度的一群人。为了确保得到和保持住这种氛围，我必须知道对我的公司来说什么最重要，以及我的公司、员工在工作中都需要遵守哪些准则。没有什么东西能快速地瓦解一种良好的工作氛围，除非那里没有一套人人可以遵循的行为标准，或者是没有树立起一套良好的准则。

荣誉准则是"动物园"里的每个个体都同意遵循的规则。尽管这套荣誉准则只有一句话，但它向"动物园"提供了一个框架，框定了学员们的行事界限。在服役期间，我和所有老兵一样，经历了类似的环境。现在，我正致力于将类似的准则或框架带到自己的公司里。

年轻的孩子们为什么喜欢当兵？其原因是：纪律、守则、荣誉及成为某个比他们自身更伟大的集体一分子的感觉。把这些同样的东西带到平民世界中去吧。那是他们想要的，那是他们需要的。

当你开始走上成为一个企业家的道路时，退伍军人们的知识基础和将荣誉准则、使命感结合起来的能力将成为你不可思议的资产。

荣誉准则不是你把它用镜框装起来并挂在墙上的东西。它是要求更高标准的文化的一部分。它必须是组织内的每个成员乐意参与的文化，就像军队中的士兵一样每天在生活中呼吸着它，这是一种你有能力建立和培育的文化。

罗伯特的结束语:开始行动!

每一个人都被赋予了两份礼物:你的大脑和你的时间。军队给了你第三份礼物:你的退役军人贷款。这三份礼物用来做什么完全取决于你自己。

如何使用你挣来的每一美元,你——也只有你才有权利决定自己的命运。傻乎乎地花掉它,意味着你选择了贫穷。用它作智力投资,懂得怎样获得资产,意味着你选择了将财富作为你的目标和未来。这个选择权是属于你的,只能是你的。每一天和每一美元,都在决定着你是成为富人、穷人还是中产阶级。

退役军人也有钱,一大笔你甚至从没见过的钱。要知道,你的退役军人贷款代表了几十万美元。做出聪明的、投资于现金流的选择吧,你将会看到成功。我希望你把自己的退役军人贷款看作一种工具、一件向贫穷宣战的武器,或者是一条通往财务自由的道路。

你的未来,你家庭的未来,将决定于你今天而非明天做出的选择。

我希望你用这份被称为生命中难以置信的礼物,创造出巨大的财富和更大的幸福。

罗伯特·清崎

迅速提高财商的三个方法

方法一：阅读"富爸爸"系列书籍

财富观念篇　《富爸爸穷爸爸》
《富爸爸为什么富人越来越富》(《富爸爸穷爸爸》研究生版)
《富爸爸财务自由之路》
《富爸爸提高你的财商》
《富爸爸女人一定要有钱》
《富爸爸杠杆致富》
《富爸爸我和埃米的富足之路》

财富实践篇　《富爸爸投资指南》
《富爸爸房地产投资指南》
《富爸爸点石成金》
《富爸爸致富需要做的6件事》
《富爸爸穷爸爸实践篇》
《富爸爸商学院》
《富爸爸销售狗》
《富爸爸成功创业的10堂必修课》
《富爸爸给你的钱找一份工作》
《富爸爸股票投资从入门到精通》
《富爸爸为什么A等生为C等生工作》

财富趋势篇　《富爸爸21世纪的生意》
《富爸爸财富大趋势》
《富爸爸富人的阴谋》
《富爸爸不公平的优势》

财富亲子篇　《富爸爸穷爸爸（少儿财商启蒙书）》(适合3~6岁)
《富爸爸穷爸爸（漫画版）》(适合7岁以上)
《富爸爸穷爸爸（青少版）》(适合11岁以上)
《富爸爸发现你孩子的财富基因》
《富爸爸别让你的孩子长大为钱所困》

财富企业篇	《富爸爸如何创办自己的公司》
	《富爸爸如何经营自己的公司》
	《富爸爸胜利之师》
	《富爸爸社会企业家》

方法二：玩《富爸爸现金流》游戏

风靡全球的《富爸爸现金流》游戏浓缩了《富爸爸穷爸爸》一书的作者——罗伯特·清崎三十多年的商界经验，让我们在游戏中模仿和体验现实生活的同时，告诉游戏者应如何识别和把握投资理财机会；通过不断的游戏和训练及学习游戏中所蕴含的富人的投资思维，来提高游戏者的财务智商，最终实现财务自由。

扫码购买《富爸爸现金流》游戏

方法三：关注读书人俱乐部微信公众号，在读书人移动财商学院学习财商知识

北京读书人俱乐部微信公众号由北京读书人文化艺术有限公司运营，为富爸爸读者提供既符合富爸爸理念又根据中国实际情况加以完善的财商相关课程，帮助读者系统地学习和掌握富爸爸财商的原理、方法和实操技巧，助力富爸爸读者的财务自由之路。

readers-club

扫码关注读书人俱乐部

开始学习

《富爸爸财务自由之路》

作者：〔美〕罗伯特·清崎　〔美〕莎伦·莱希特

ISBN：978-7-220-10295-0

定价：45.00元

　　为什么有的人可以用较少的劳动获得较多的收入？为什么有的人可以享受比别人更多的财务自由？也许是因为他们明白何时从何种象限开始工作……本书旨在帮你选择一个新项目、新目标及新的财务前景。

——罗伯特·清崎

　　清崎上完大学，有了一份稳定的工作，这是"穷爸爸"一直以来对他的期望；但他牢记"富爸爸"的话，"只有实现了财务自由，才能拥有真正的自由"。于是他毅然辞去工作，走上了投资和创业之路，在47岁时实现了财务自由。从此，他再也不必朝九晚五地被动工作，再也不必量入为出，他可以自由地做自己爱做的事，因为投资会为他带来源源不断的现金流。

　　书中归纳出了4个现金流象限：雇员、自由职业者、企业主和投资人，只有具备投资人和企业主的技能，才更容易致富；详细介绍了这些观念和技巧，把投资人细分为7个等级，帮你看清自己的财务状况；更列出了7个完整的步骤，指引你走上财务自由之路。

《富爸爸财富大趋势》

作者：〔美〕罗伯特·清崎　〔美〕莎伦·莱希特

ISBN：978-7-220-10296-7

定价：46.00元

只有那些在财务上适应能力较强、财商较高的人才能生存下来。只有那些对这一切有所准备的人才能获得成功。

如果没有接受过财商教育，可能就需要更多的资金才能致富，也可能需要更多的资金才能保持富有。财商越高，致富需要的资金就越少；财商越低，致富需要的资金就越多。

——罗伯特·清崎

在富爸爸看来，人们应对不可知的未来主要有3种方式：穷人指望子女或者政府帮助自己度过余生；中产阶级把钱存入银行、购房保值、投资退休金计划等，甚至把未来的财务保障押在变幻莫测的股市上；富人则购买能带来现金流的资产，让钱为自己工作，持续创造财富以应对未来的变化。

本书中，清崎讲述了富爸爸对他的财商教育，向你传授掌控风险的8种理财智慧，提高你的财商；教你准确把握经济发展形势，明辨优劣资产，巧妙防范金融风险，从容应对市场变化；升级你的理财技巧，让钱为你工作，获得财务上的真正自由。不管你是想改变入不敷出的财务状况，还是想保护自己的财产，甚至是提高投资层次，都能在本书中找到发人深省的启示和高效实用的建议，一跃成为掌控未来的财务高手！

图书在版编目（CIP）数据

富爸爸8条军规 /（美）罗伯特·清崎著；朱钦芦译. —成都：四川人民出版社, 2019.9
ISBN 978-7-220-11341-3

Ⅰ.①富… Ⅱ.①罗… ②朱… Ⅲ.①企业管理–通俗读物 Ⅳ.① F272-49

中国版本图书馆 CIP 数据核字（2019）第 061540 号

8 Lessons In Military Leadership For Entreprenurs
Copyright © 2015 by Robert T. Kiyosaki.
This edition published by arrangement with Rich Dad Operating Company, LLC.
版权合同登记号：图进 21-2018-738

FUBABA 8TIAOJUNGUI
富爸爸8条军规
〔美〕罗伯特·清崎 著 朱钦芦 译

责任编辑	张 丹
特邀编辑	张 芹
责任校对	舒晓利
封面设计	朱 红
版式设计	乐阅文化
责任印制	聂 敏

出版发行	四川人民出版社 （成都市槐树街2号）
网　　址	http://www.scpph.com
E-mail	scrmcbs@sina.com
新浪微博	@四川人民出版社
微信公众号	四川人民出版社
发行部业务电话	（028）86259624　86259453
防盗版举报电话	（028）86259624
照　　排	北京乐阅文化有限责任公司
印　　刷	三河市中晟雅豪印务有限公司
成品尺寸	152mm×215mm　1/32
印　　张	6.5
字　　数	124 千
版　　次	2019 年 9 月第 1 版
印　　次	2019 年 9 月第 1 次印刷
书　　号	ISBN 978-7-220-11341-3
定　　价	68.00 元

■版权所有·侵权必究

本书若出现印装质量问题，请与我社发行部联系调换
电话：（028）86259624